整体把握
深度理解

刘 莉／编著

高中语文
整本书阅读指导

吉林人民出版社

图书在版编目（CIP）数据

整体把握 深度理解：高中语文整本书阅读指导 / 刘莉编著. — 长春：吉林人民出版社，2023.8

ISBN 978-7-206-20444-9

Ⅰ.①整… Ⅱ.①刘… Ⅲ.①阅读课—教学研究—高中 Ⅳ.①G633.332

中国国家版本馆CIP数据核字（2023）第169745号

整体把握 深度理解——高中语文整本书阅读指导

ZHENGTI BAWO SHENDU LIJIE —— GAOZHONG YUWEN ZHENGBENSHU YUEDU ZHIDAO

编 著：刘 莉

责任编辑：田子佳　　　　　　封面设计：李 娜

吉林人民出版社出版发行（长春市人民大街7548号　邮政编码：130022）

印　　刷：北京政采印刷服务有限公司

开　　本：787mm×1092mm　　1/16

印　　张：8.5　　　　　　字　　数：130千字

标准书号：ISBN 978-7-206-20444-9

版　　次：2023年8月第1版　　印　　次：2023年8月第1次印刷

定　　价：58.00元

目录

上 篇　教育理论

上 篇

教育理论

第一章 高中语文阅读教学新趋势与新特点

第一节 高中语文阅读教学新趋势

高中语文阅读教学目标在于激发学生阅读兴趣，并帮助学生养成良好的终身阅读习惯。高中语文阅读呈现出新的发展趋势，因此教师要帮助学生掌握一定的阅读方法，为学生阅读能力的形成夯实基础。

一、阅读教学中培养学生核心素养

高中语文阅读的核心素养包括语言理解能力、语言表达能力、文学鉴赏能力、文化认同感等方面。这些素养的培养和体现是高中语文阅读教育的重要任务。

（一）语言理解能力

语言理解能力是语文阅读的基础，包括对字、词、句、段落的认知和解析，以及对语言语法、修辞、文体等方面的理解和运用。通过对经典文学作品的阅读和分析，可以帮助学生提高语言理解能力，掌握语言的规律和技巧，为他们日后的学习和工作打下坚实的基础。例如，在阅读《红楼梦》时，教师可以引导学生对小说中的字、词、句、段落进行深入分析，理解作者的写作意图和表达方式。同时，也可以帮助学生了解古代汉语的一些特点和表达方式，提高他们对古代文化的理解和欣赏能力。

在阅读中培养高中生的语言理解能力，应做到：

1. 加强字、词、句的教学

在阅读中，字、词、句是构成文章的基本单位。因此，加强字、词、句的教学是培养学生语言理解能力的关键。教师可以通过多种方式加强字、词、句的教学，例如让学生查字典了解生字词语的意思，引导学生分析句子结构和语法规则，帮助学生更好地理解文章内容。

2. 强调语言环境的重要性

在语言理解能力的培养中，强调语言环境的重要性是非常重要的。语言环境包括文章的题材、体裁、文化背景等。在阅读中，学生需要了解文章的语言背景和文化背景，这有助于他们更好地理解文章的内容和作者的意图。因此，教师需要引导学生关注文章的语言环境，例如介绍文章的写作时代和背景，帮助学生更好地理解文章的思想和情感。

3. 培养学生的阅读技巧

培养学生的阅读技巧是提高学生语言理解能力的重要途径。教师可以通过多种方式培养学生的阅读技巧，例如让学生学会预测文章的内容，引导他们关注文章的逻辑结构和主题思想，帮助学生掌握快速阅读和细读相结合的技巧。这些阅读技巧可以帮助学生更好地理解文章的内容和作者的意图，能提高他们的语言理解能力。

4. 提供多样化的阅读材料

提供多样化的阅读材料是培养学生语言理解能力的有效途径。教师可以选择多种阅读材料，例如小说、散文、诗歌、科技文章等，引导学生进行阅读和分析。同时，教师也需要考虑到学生的阅读水平和兴趣爱好，提供适合学生阅读的素材，这有助于提高他们的阅读兴趣和积极性。

5. 组织多种形式的教学活动

组织多种形式的教学活动是培养学生语言理解能力的有效手段。教师可以组织多种形式的教学活动，例如小组讨论、角色扮演、复述故事、写作练习等，引导学生参与其中。这些教学活动可以帮助学生更好地理解文章的内容和作者的意图，提高他们的语言理解能力和表达能力。

（二）语言表达能力

语言表达能力包括写作和口头表达两个方面。通过写作练习可以帮助学生提高自己的写作技巧和表达能力，培养他们的思维敏捷度和深度，增强他们的沟通和交流能力。口头表达则可以让学生在课堂上或社交场合中更自信、更流畅地表达自己的观点和想法。例如，在写作练习中，教师可以让学生写一篇关于自己家乡的小说，引导学生通过对家乡的人、事、物的描写，表达自己对家乡的情感和认识。同时，也可以通过小组讨论、角色扮演等方式，让学生们分享自己的观点和想法，提高他们的口头表达能力和交流能力。

在语文阅读中培养高中生的语言表达能力，应做到：

1. 加强口语表达能力的培养

口语表达是指学生在口头交流中运用语言的能力，包括演讲、辩论、对话等。在语文阅读中，教师可以组织多种形式的口语活动，例如个人演讲、小组讨论、角色扮演等，让学生在实践中逐步掌握语言表达能力。同时，教师也可以通过这些活动帮助学生提高自身口语表达能力和思维敏捷度。

2. 加强写作能力的培养

写作能力是指学生在书面表达中运用语言的能力，包括作文、日记、书信等。在语文阅读中，教师可以安排多种写作练习，例如命题作文、读书笔记、书信等，让学生在实际写作中逐步掌握语言表达能力。同时，教师也可以通过写作指导和评价帮助学生提高自身写作能力和思维深度。

3. 注重语言素材的积累和应用

语言素材是指学生在语文阅读中积累的词汇、短语、句子等素材，是语言表达能力的基础。在语文阅读中，教师可以引导学生注重语言素材的积累和应用，例如摘录好词好句、背诵名篇名段等，帮助学生提高其语言表达能力。同时，教师也可以通过这些素材的应用练习，让学生在实际运用中掌握语言表达能力。

4. 注重语言情境的设置和运用

语言情境是指学生在语文阅读中接触到的不同场景和语境，是语言表达能力的重要因素。在语文阅读中，教师可以设置不同的语言情境，例如课堂讨论、辩论比赛等，让学生在特定的情境中运用适当的语言形式和技巧表达自己的观点和情感。同时，教师也可以通过这些情境的设置和运用，让学生在实际操作中提高自身语言表达能力。

5. 注重语言的规范和标准化

语言的规范和标准化是指学生在语文阅读中遵循语言的语法、拼写、标点等规范，是语言表达能力的重要保证。在语文阅读中，教师可以注重语言的规范和标准化教育，例如讲解语法规则、纠正拼写错误等，帮助学生提高语言的规范性和标准化程度。同时，教师也可以通过这些规范和标准化的教育，让学生在实际运用中提高自身语言表达能力。

（三）文学鉴赏能力

文学鉴赏能力是对文学作品的艺术性、思想性、文化性等方面的理解和欣赏能力。通过对经典文学作品进行鉴赏和分析，可以帮助学生了解文学的基本要素和原理，培养他们的审美情趣和批评能力，增强他们对文学艺术的感悟和欣赏能力。同时，也可以帮助学生更好地理解和评价当代文学和文化现象，适应社会的发展和变化。例如，在鉴赏《红楼梦》时，教师可以引导学生对小说中的情节、人物、结构等方面进行深入分析，理解作者的艺术构思和表达方式。同时，也可以帮助学生了解古代文学的一些特点和表达方式，提高他们对古代文化的理解和欣赏能力。

在阅读教学中培养学生的文学鉴赏能力，应做到：

1. 加强文学作品的选材

文学作品的选材是培养学生文学鉴赏能力的关键。在高中语文阅读中，教师可以根据学生的实际情况选择适合的文学作品，例如古代诗词、现当代小说等，引导学生进行阅读和分析。同时，教师也可以通过对这些作品的介绍，帮助学生了解文学的基本要素和鉴赏方法，为其进一步的学习打下基础。

2. 注重文学语言的分析和欣赏

文学语言是文学作品的重要组成部分，也是文学鉴赏的基础。在高中语文阅读中，教师可以注重文学语言的分析和欣赏，例如对诗歌的韵律、节奏、意象的分析，对小说的描写、语言的修辞手法的欣赏等，帮助学生掌握文学语言的特点和审美价值。同时，教师也可以通过这些分析和欣赏活动，让学生在实际操作中提高自身文学鉴赏能力。

3. 注重艺术手法的鉴赏和分析

艺术手法是文学家表达主题思想和情感的重要手段。在高中语文阅读中，教师可以注重艺术手法的鉴赏和分析，例如对比、比喻、象征等手法的运用，帮助学生掌握艺术手法在文学作品中的作用和价值。同时，教师也可以通过这些艺术手法的学习和运用，让学生在实际操作中提高自身文学鉴赏能力。

4. 注重主题思想的挖掘和领悟

主题思想是文学作品的核心，也是文学鉴赏的重要内容。在高中语文阅读中，教师可以注重主题思想的挖掘和领悟，例如通过情节分析、人物塑造等方面的探究，帮助学生理解文学作品的内涵和价值。同时，教师也可以通过这些主题思想的讨论和交流，让学生在实际操作中提高自身文学鉴赏能力。

5. 提供多样化的评价和反馈方式

评价和反馈是提高文学鉴赏能力的重要途径之一。在高中语文阅读中，教师可以提供多样化的评价和反馈方式，例如个人反思、小组讨论、写作练习等，让学生在实际操作中提高自身文学鉴赏能力。同时，教师也可以通过这些评价和反馈方式的运用，让学生在实际操作中掌握文学鉴赏的技巧和方法。

（四）文化认同感

文化认同感是对自身所属文化传统、价值观和习俗等方面的认知和认同感。通过对中华传统文化和现当代文学作品的阅读和分析，可以帮助学生了解中华文化的精髓和特点，培养他们的文化认同感和自豪感，增强他们的文化自信心和文化交流能力。这对学生的全面发展和社会进步都具有重要的意义。例如，在阅读《论语》时，教师可以引导学生了解儒家文化的一些思想和特点，让学生理解中华传统文化的重要性和价值，培养他们的文化认同感和自豪感。同时，也可以增强他们的文化自信心和文化交流能力，使他们更好地适应社会的发展和变化。

在阅读教学中培养学生的文化认同感，应做到：

1. 加强传统文化教育

中华传统文化是中华民族的瑰宝，也是高中生认识和理解中国文化的重要途径。在高中语文阅读中，教师可以加强传统文化教育，例如用诗词、成语、传统节日等，引导学生了解和体验中华文化的魅力。同时，教师也可以通过这些传统文化元素的应用和练习，让学生在实际操作中提高文化认同感。

2. 注重文化背景和历史知识的介绍

文化背景和历史知识是培养文化认同感的基础。在高中语文阅读中，教师可以注重文化背景和历史知识的介绍，例如介绍文章的写作时代和背景、作者的个人经历和时代背景等，帮助学生了解文章所处时代和作者的思想感情。同时，教师也可以通过这些背景知识的运用和练习，让学生在实际操作中提高文化认同感。

3. 开展文化实践活动

文化实践活动是培养文化认同感的重要手段。在高中语文阅读中，教师可以开展多种文化实践活动，例如朗诵比赛、文学创作比赛、文化展览等，让学生在实际操作中了解和体验中华文化的魅力。同时，教师也可以通过这些文化实践活动的参与和交流，让学生在实际操作中提高文化认同感。

4. 加强语文教育中的德育元素

德育元素是语文教育中的重要内容之一，也是培养文化认同感的重要途径。在高中语文阅读中，教师可以加强对德育元素的教育，例如爱国主义、集体主义等，引导学生形成正确的价值观和思想观念。同时，教师也可以通过这些德育元素的应用和练习，让学生在实际操作中提高文化认同感。

5. 注重个性化教学和实践教学

个性化教学和实践教学是培养文化认同感的重要手段。在高中语文阅读中，教师可以根据学生的实际情况进行个性化教学和实践教学，例如通过小组讨论、角色扮演等活动，让学生在实际操作中了解和体验中华文化的魅力。同时，教师也可以通过个性化教学和实践教学的参与和交流，让学生在实际操作中提高文化认同感。

综上所述，培养和体现高中语文阅读的核心素养是高中语文教育的重要任务。通过培养语言理解能力、语言表达能力、文学鉴赏能力和文化认同感可以帮助学生全面提高自己的语文素养和综合能力。

二、语文阅读教学中注重德育渗透

在高中的语文教学大纲中，德育已经成为重要的教学目标。对国家而言，人才除了需要具备专业的高素质之外，还需要具备高尚的品德。因此高中的语文教师应当在阅读教学中逐渐渗透德育，认真研究语文的课本内容，将其蕴含的优秀美德传达给学生，培养学生良好的道德修养。

（一）德育在高中语文阅读教学中的意义

1. 有利于培养学生良好的道德观

高中阶段是学生最容易叛逆的时期，而叛逆期的学生对社会的破坏力是最强的，此时就需要学校对其进行德育教学，让学生树立良好的道德观念，明白什么是法律的底线和道德的素养。语文学科中蕴含了古今中国优秀的美德，非常适合用以对学生进行德育教学，让学生可以通过对古诗词和近代文章的研读，来体会和学习历史长河中各大风流人物的美德、洒脱和乐观的心态等。

2. 推动国家的发展进步

众所周知，学生是祖国的花朵，是祖国未来发展的储备人才。要想推动一个国家持续稳定向前发展，一定离不开高素质高修养的人才。学校对学生的培养不应仅仅局限于应试，更应该注重对其品行和人格的培养，一个专业性强但品行恶劣的人才无法为国家带来积极作用。高中作为教育的重要阶段，十分有必要对学生进行德育教学，为祖国培养品性合格的人才，最终才能推动国家的发展进步。

（二）高中阅读教学中渗透德育的路径

1. 挖掘教材中的德育元素

高中语文教材中的内容都是国家顶尖的专家精挑细选的，大多都是历久不衰的经典文章，不仅能提高学生的文学修养，更能让学生通过文字感受到作者当时的风采。因此教材本身其实就蕴含着大量的德育元素，高中语文教师在完成教学目标的同时也可以培养学生的德育意识，帮助学生树立良好的道德观念。此处的道德包括亲情、友情、爱情及爱国情等多种情感，这些情感在高中很多课文中都是存在的，但需要教师对其进行仔细地筛选，并且还要选择容易让学生产生兴趣的方式去将学生引入课堂。这种方式可以是小游戏也可以是一段视频，只要能引起学生兴趣就可以。高中语文教师在阅读教学过程中还要注意对作者情感的把握，要将作者的情感由浅入深地传授给学生，以便于学生能更好地理解课文的深层次内容。

例如，在进行人教版高中语文必修二第二单元《归园田居（其一）》的教学时，教师就可以深入挖掘诗词的德育元素。在这一首诗中，教师首先应该对诗歌的作者陶渊明进行简单的介绍，还要介绍这首诗歌的创作背景。然后教师就应该对该诗歌中的重点词语进行释义，如对"丘山""适俗韵""尘网""故渊"等词语的含义进行讲解，让学生对整首诗歌的内容有一定理解，掌握诗歌的主要内容。最后再对作者的感情进行揭露，让学生体会到作者传达出来的对田园生活的喜爱之情。而教师除了将前述的知识传授给学生以外，还应当注意到这首诗歌本身蕴含的德育元素。作者陶渊明对世事的豁达之情是需要学生学习的，让学生在未来的学习和生活中也应当吸取陶渊明的这种豁达，面对失意不要一味沉浸其中，而要勇敢地走出来，走出自己的一条路。这种精神的学习可以塑造学生的良好心态，增强学生的抗压和抗挫折能力。

2. 创设情境改善德育效果

语文学科与其他学科相比，在德育教育方面具有独特的优势，因为文字本身就是诸多情感的载体，那些流传至今的古文诗词必然都是经过历史选择而胜出的优秀作品。语文教师可以通过对文字的释义向学生传达作者的情感，让学生站在巨人的肩膀上学习更多的知识。但在当今的高中教学中，传统的语文教学方式已经逐渐不符合学生的需要了，此时就需要教师引进先进的理念将教学内容转化为具体的情境，让学生能进入情境进行切身的体会，以便于学生更深层次地理解作者的感情。当然这种创设情境的方式可以让学生更快掌握文章传达的情感，而这种情感本身就是德育教育的一部分，用以帮助学生塑造正确的人生观、世界观和价值观。

例如，在进行人教版高中语文必修二第四单元《我有一个梦想》的教学时，教师就可以根据教学内容进行情境的创设。这篇课文的难度对学生而言是比较高的，但是这个演讲在整个世界都是极具影响力的，需要学生进行学习和掌握。教师在进行这一课的教学时，可以利用网络技术将马丁·路德金的这篇演讲的原视频放给学生看，用这种直观的画面再现当时的场面，也让学生在这种情境中感受到其蕴含的巨大悲痛之情以及追求平等自由的永恒追求。这篇课文除了能提高学生的文学修养以外，最重要的是能帮助学生树立正确的人生观和价值观。每个人都需要有梦想，而梦想除了小爱之外，还应当包含报效祖国的大爱。高中语文教师就可以通过这种方法来引导学生对未来梦想的树立，让学生在学习课程中体会到德育的渗透。

3. 课外阅读中渗透德育教学

高中的语文阅读除了课堂上的阅读教学之外，还应该进行更多的课外训练。因为高中的语文课堂教学时间毕竟是短暂的，教师的很多知识点都无法完整地在课堂上传授给学生，而且很多优秀的课文背后蕴含很多的知识，这些庞大的知识也无法在课堂上充分展现。所以教师应当引导学生扩大自己的课外阅读范围，并将德育的相关知识渗透进课外阅读的教学中去。

例如，在进行人教版高中语文必修三第一单元《林黛玉进贾府》的教学时，教师就需要引导学生扩大课外阅读范围。这篇课文取自于《红楼梦》，而《红楼梦》作为中国的四大名著之一，其兼具重大的文学意义和历史意义。如果想让学生彻底理解这篇课文，那必然离不开对整部《红楼梦》的研读。而且

《红楼梦》中蕴含了政治、亲情、友情、爱情以及各种复杂情感，其中每个角色都被描绘得栩栩如生，更是蕴含了很多为人处世的道理，值得学生进行课后的阅读。

（三）在文学阅读中提升德育水平

语文学科是一门人文学科，语文学科知识中含有丰富的德育教育内涵。高中语文学科的阅读学习，能使学生形成良好的思想道德修养和科学人文素养，为学生的终身学习打下坚实的基础，为学生全面而有个性的发展奠定基础，为传承和发展中华民族优秀传统文化，增强中华民族凝聚力和创造力打下根基。

璀若星河的优秀文学作品是每一个中华儿女的精神家园，高中语文课程对继承和弘扬中华民族优秀传统文化、勇于牺牲甘于奉献的革命文化、富有改革创新精神的社会主义先进文化，坚定学生对祖国优秀文化的高度自信，不断推动文化的创新与发展，都具有不可替代的作用。高中语文课程，必须以新时代中国特色社会主义思想为指导，坚持立德树人的方向，弘扬民族精神民族文化，融入社会主义核心价值观，培养学生热爱中华文明、热爱祖国人民、热爱中国共产党的深厚感情，帮助学生形成热爱生活、奋发向上的积极的人生态度，树立符合社会规范的思想、行为准则，增强学生为实现中华民族伟大复兴而努力奋斗的社会责任感和历史使命感。

我国优秀的传统文化经典内涵丰富、博大精深，是中华民族自强不息的力量源泉，是中华民族蓬勃旺盛的生命机体的有机组成部分，是人类文明宝贵的精神财富，为加强学生的德育教育提供了丰富的教育资源。爱国是流淌在每一个中国人心中的最古老而又最新鲜的血液，深深地镌刻在古往今来每一个中国人的基因里。"长太息以掩涕兮，哀民生之多艰""亦余心之所善兮，虽九死其犹未悔"是屈原在汨罗江边歌咏出的炽热的爱国之情；"雪地又冰天，穷愁十九年。渴饮雪，饥吞毡，牧羊北海边。心存汉社稷，旄落犹未还。历尽难中难，心如铁石坚"的苏武，以他赤诚的爱国之心，谱写了一首感人泪下的爱国之歌。爱国情是"人生自古谁无死，留取丹心照汗青"的忠诚，是"苟利国家生死以，岂因祸福避趋之"的献身精神。这些优秀的古典文学作品是对学生进行道德教育的优质资源，高中语文教师应当深入挖掘，在古典文学深厚的根基上培育学生高尚的爱国情操。

儒学思想在中华民族的发展历史上有着巨大的影响，在一定的历史时期甚至构成了中华民族的主导思想，影响了每一个中国人的价值取向和思维方法。儒学思想崇尚礼义，主张以礼治国；儒家思想有着共同的基本概念和范畴：仁、义、礼、智、信等。传统的儒学道德思想固然有其自身的时代局限性，但我们应当充分认识到其中的优秀思想成分的教育意义。"仁"是指爱人，所谓"仁者爱人"，体现了人道主义精神。"义"，道义，是指个人应承担的相应的社会责任和家庭责任。"礼"，礼节，强调规则意识，包含有顺序、标准、法则、规矩等的义项。"礼"的价值在于可以约束个体的行为规范，最终达到"义"的境界。"智"，即知识、智慧。在知识经济时代，我们每个人为了实现更好的自我发展，要有能力承担起属于自己的社会责任和家庭责任，就必须认真学习各种知识，充实自我，服务社会。"信"指信任、信誉、诚信。为了构建良好的社会秩序，实现社会和谐，"信"是每个人的必修课。诚信是一个人做人处事的底线，也是整个社会和谐的基石。利用高中语文阅读教学指导学生学习相关的儒学教义，有助于学生提高自身的修养，培养学生的规则意识。

自新文化运动以来的现当代文学，带有鲜明的时代特征，它们反对旧文学、提倡真善美的人性、注重自由平等等现代意识的宣传。组织学生研习现当代代表作家的作品，可以了解现当代作家的思想感情和艺术成就，培养学生对现当代文学作品的阅读兴趣，帮助学生形成现代意识。一部优秀的文学作品首先是一部真实反映现实世界的作品。优秀的文学作品在反映特定时期的社会形态和历史面貌的同时，也体现了作家本人求真求实的精神风貌。学生阅读现当代文学作品的过程，同时也是和作家进行情感交流的过程。在这一过程中，作家的情感态度和价值观会潜移默化地影响到学生，有助于学生形成求真务实的优良作风。《阿Q正传》是鲁迅先生的代表作，作品通过阿Q这一主人公真实地反映出了当时许多普通中国人的生存状况，也反映了鲁迅先生不溢美不隐恶的基于社会现实进行创作的真实的情感态度。现当代文学作品中的善集中体现在作品中对某一人或事物的价值判断上。作者通过文学作品中塑造的形象来表达本人对善的理解和判断，表达自己的情感态度和价值观，从而进一步宣传和赞扬社会中的善。学生在阅读这些饱含人性善的文学作品时，会引起心灵的共鸣，体会感悟到文学作品中的满满的善意，进而影响自己的行为习惯，推动一个充满爱意和善意的社会的形成和发展。美是现当代文学作品歌颂的另一个主题。中国现当代文学作品的美，有着丰富的内涵。美不仅仅局限在对人性美的肯定与赞颂上，还包含着现当代作家对祖国雄伟壮阔的自然山水风光的描摹和对精美绝伦的优秀建筑的精心刻画。

高中的语文教师在进行阅读教学时应当重视德育，不仅要教授学生知识，更应该教会学生如何做人，如何树立正确的人生观、价值观和世界观。

第二节 高中语文阅读教学新特点

在引导阅读教学活动，朝着更加高质量教学方向发展的过程中，教师可以从不同的教学角度中入手，对实施的教学方式进行合理有效的探究，因此要对高中语文教学中比较阅读法的教学实践进行分析，并提出指导建议。

一、促进深度阅读

高中生相比较初中生而言，其语文阅读能力有了进一步的增强。他们除了对较为复杂的文言文以及议论文有足够的理解，还能够对相关的文学作品作出赏析。高中学生的语文学习不只是单一的知识记忆，更多的是对知识进行辩证学习，其洞察力以及思维能力有了较大的提高，也拥有了丰富且独特的情感。通过语文阅读深度学习，能够有效提升学生自主学习能力，也有助于学生核心素养的培养，促进学生的全面发展。

（一）高中语文深度阅读学习方法

1. 重联结

语文阅读深度学习并不是单一的语言学习，而是在学习过程中将多学科知识进行联系与结合，真正了解所学内容。高中语文深度阅读中，需要注重将现阶段知识与以往所学知识进行联结，将知识进行深度融合，使其转化为自身的知识。同时，在深度阅读过程中，要从局部把握整体，构建相对完整的知识框架，开发思维，积极思考，促进自身能力的提升。

2. 重体验

在学习过程中，将学生融入具体的情景当中，让他们通过听觉、触觉等方式去体验知识学习，会使得学习更加具体，给学生带来更深的理解与领悟。体验学习是一种散发式的学习过程，应该注重学生个人的感受，强调人的观察力，寻找不同知识之间的关联，使知识形成一个全新的整体内容。

3. 常反思

反思并不是一味地对知识进行简单的回顾，而是对问题进行持续思考，不断探究。学生在反思过程中，能够促使其对知识进行深度探究，进而抛弃情感因素，回归理智，理性思索问题；也可以查找不足，总结经验教训，不断获得成长。

（二）高中语文深度阅读指导策略研究

1. 阅读目标设计

阅读作为一种理解类的活动，从一定程度上讲，可以说是读者与作者之间思想的交流。教师在教学过程中应该注重对学生阅读的循循善诱，充分结合学生的实际情况与学习特点进行阅读活动的安排。因此，为了提升学生深度学习的水平，教师必须设计一定的阅读目标。通过设计不同阅读目标，对难度由低到高的知识点进行分段学习，进而形成一个整体的阅读教学目标，促使学生在日积月累的学习中扎实地提升深度阅读能力。

阅读目标的设计也能帮助教师明确教学任务。根据学生的实际学习情况，合理安排阅读目标，能促使学生不断完成教学目标，使其对知识阅读理解得越来越透彻，最终完成较大的阅读目标。

2. 深度阅读环境设置

学习氛围在一定程度上影响着学生的学习质量。因此，教师应该注重营造轻松、和谐的学习氛围，提高学生阅读效率与质量。学生的学习状况受校园文化、班级班风以及教师素养的影响，好的学习状态需要良好的学习环境，而良好的学习环境需要学校与教师共同的努力。学校应该保证教学设施的齐全与完好，并通过制定相应的管理制度来保障学校的学习氛围。同时，学校应该塑造良好的学校文化，促进学生健康成长。教师应该正确看待学生与教学的关系，充分认识到学生是学习的主体，在教学过程中应充分调动学生学习的积极性，了解学生群体并维护学生尊严，正确处理师生之间的矛盾，帮助学生有效解决问题。

语文内容本来就是充满感情色彩的文本。学生在阅读过程中应该带着情感去体会文中情感。如何将学生的"情"与文本的"情"相联结，是教师需要思考的。教师在阅读环境设置时，可以采取出示图片、播放音乐以及影视资料等方式，并且要根据不同的文章内容设置不同的情景。例如，设计一个问题悬念、联系实际生活或者描绘特定场景等。总之，教师应该使学生融入知识情境中，带动学生开展思维活动，在学习的同时运用知识。

3. 认知结构搭建

所谓认知结构，就是指人们对所了解的知识形成的认知。阅读可以分为三个过程：知识获取、知识保持以及知识应用。在阅读的第三个过程中就需要利用我们现有的认知结构去思考与解决问题。例如，解读议论文时需要一定的逻辑认知。指导学生较好地搭建认知结构，需要从以下两方面进行。

一是提高学生的感知能力。当学生在阅读时，文本信息会逐渐与大脑产生联系，并将新知识融入现有的认知结构中，进而对知识进行解读。教师在此过程中，可通过直观教学方式，促进学生直观感受知识内容，形成具体的认识，可采取的方式有语言直观、实物直观以及模像直观等。

二是提升学生的思维能力。在语文阅读中，教师应该充分调动学生学习的好奇心，不断启发学生，促使其积极主动地开展学习。例如，将阅读中的知识与之前所学知识进行类比，理解其中的区别与联系，理清之间的关系，开发学生的思维。

4. 知识应用指导

对待阅读中的问题，要善于将脑海中的知识进行拆分并重新组合，进而解决问题。这些需要教师的问题引导以及知识的分析与应用。例如，《声声慢》与《醉花阴》都表现出作者的悲凉情绪，可以让学生分析两首诗的情绪有何异同，两首诗中的"黄花"各有什么深意。通过一系列问题的提出与解答，促进学生对知识内容进行深层次的分析，使其更好地掌握所学的知识内容。

二、开展群文阅读

高中生能力很强，对抽象逻辑的事物有着较深的理解能力。基于此，教师在进行教学活动的时候，要充分利用群文阅读的方式展开教学，加深学生对知识内容的印象，并围绕着特定的主题展开知识内容的学习，改善阅读教学的效果，提升学生的综合能力，构建高效的教学效率。

（一）明确教学内容，展开文本阅读

群文阅读的理念在早些年就被人们提出来，它通过议题、选文、集体、构建等方式，展开对知识内容的学习，有着极高的教育价值。这一学习手段和其他方式有所不同，它的议题选择丰富，可以是一个落脚点，也可以从多个内容同时出发，既可以是观念的学习，也可以是问题和现象的分析。总之，这一教学手段灵活度较高，适用性也比较强。高中语文课堂的教学中，教师一定要根据学情进行有针对性的选择，明确好本节课程的教学主题，保证学生可以真正学习到知识内容。

如在人教版高中必修四的语文教材中的《望海潮·东南形胜》，这首诗课的前十一句五平韵，后段的十一句六平韵。基于此，在进行群文阅读的时候，教师可以以"通用之正体的诗词艺术的音乐美"为教学议题，引导学生按照诗词展开阅读，明确我们的教学重点，并结合所学的知识，如《白雪歌送武判官归京》《茅屋为秋风所破歌》等内容进行联合，围绕着明确的教学内容，展开主题知识的群文阅读。这样可以避免特殊情况的发生，还能锻炼学生的严谨的逻辑思维，能更好地达成本节课程的教学目的。

（二）构造诗词意境，进行文体构建

高中阶段的语文学习，注重学生学习能力的养成和个体思维逻辑的提升。基于此，教师在进行课程讲授的时候，更应当注重培养他们自主学习、独立思考的能力。其次，也要注意内容上的调控，让不同学生之间进行交流互动，学习他人的优点和长处，在群体环境中激发学生的能力，保证知识内容的学习有效性。群文阅读的方式不仅仅需要多篇内容进行共同阅读，更需要一个良好的学习氛围，它能帮助学生在课堂上进行思考与总结，不断地提升他们的思想和理解方式，在此基础上进行良好的知识建构，以达成我们的教育目的。

如在人教版高中必修四的语文教材中的《定风波·莫听穿林打叶声》，是我国古代著名诗人苏轼所著的一篇词。在讲解这首诗词的时候，教师可以运用生动的语言，将阅读内容的素材串联起来，渲染出浓厚的文化氛围，如："在我国文学历史上，有一位出名的诗人，但他满腔热血无处释放，将自己的豪情壮志蕴含在诗词中，来表达自身的梦想。在我们所学习过的《江城子·密州出猎》中的'会挽雕弓如满月'，展示了他报效朝廷的决心。"这样的情境构建可以使学生加深对苏轼作品的理解，并在此基础上展开阅读，对本节教学活动有着非常大的帮助。

（三）丰富教学内容，展开主题学习

群文阅读可以是一个议题，也可以是多个议题。基于此，在进行教学活动的时候，教师一定要引导学生循序渐进地进行学习。高中阶段的学生能力较强，并且有自己的理解，在进行教学活动的时候，教师要注重对内容的引导，帮助不同的学生达成思维的一致，为其构建学习和交流的平台。这样对教学活动有很大的帮助，对学生思想境界的提升也有很大的帮助。

如人教版高中语文教材中必修四的《永遇乐·京口北固亭怀古》，是豪放派代表辛弃疾所著的一首词。辛弃疾的诗词学生并不陌生，因此在进行课程学习的时候，教师可以整合之前的知识，如《水龙吟·登建康赏心亭》《清平乐·村居》《西江月·夜行黄沙道中》等内容，丰富课堂上的内容，引导学生展开主题知识的学习，不断地提升自己的能力，并在朗诵中从细节的地方入手，鼓励学生进行大胆的研究和讨论，提出一些有价值的观点和想法，深化学习印象，发挥出群文阅读的最大优势。

（四）重视知识累积，提升文学素养

良好的文学素养，不仅仅要通过对课本上知识内容的学习，还应当拓展一些课外的内容。引导学生不断地提升能力，加强文学素养，不仅对群文阅读有很大的帮助，还能宣传我国传统的中华文化。

如在人教版高中语文必修四的教材中的《声声慢·寻寻觅觅》，这是一首我国古代女词人李清照的词。在展开群文阅读的时候，教师可以展开议题"李清照的心路历程"，让学生结合历史材料和学习过的知识，对她不同时期的作品进行分析，如《一剪梅·红藕香残玉簟秋》《小重山·春到长门草青青》《好事近·风定落花深》等，引导学生阅读并查阅相关的历史资料，围绕议题展开群文阅读，提升对李清照的认识，并分析出本节课所学内容的主旨，保证语文课堂教学的有效性，促进学生能力的稳定提升。

（五）提升鉴赏能力，挖掘阅读重点

诗词群文阅读对学生的理解能力要求较高，但由于高中生能力较强，思维逻辑接近成人，因此在进行教学活动的时候，教师可以注重内容的引导，带

领学生感受字里行间的诗情韵味，提升他们的鉴赏能力，挖掘出学习的重点内容。

如在人教版高中语文教材必修四中的《雨霖铃·寒蝉凄切》，是柳永所著的词。在进行群文阅读活动时，教师可以展开议题"婉约派柳永"的活动，并提供其他的作品，如《蝶恋花·伫倚危楼风细细》《少年游·长安古道马迟迟》《甘草子·秋暮》《定风波·自春来》等内容，引导学生感受到作者对文人雅士和俗世生活的矛盾，发现作者鄙视功名利禄，但又在仕途道路上努力拼搏的思想，真正走进他的文字中去，围绕着议题展开学习，提升学生的鉴赏能力。从情感等角度出发，挖掘出重点的学习内容，感受诗词带来的美感。

高中生学习任务重，学习时间紧，进行群文阅读活动的时候，教师一定要选择好合适的主题。通过文本阅读、意境构建、主题内容以及知识累积几个方面，全面提升学生的鉴赏能力，提升他们的文学素养。

三、进行主题阅读

所谓"主题阅读"，就是把特定的文本集中起来，进行深入地阅读和比较分析，从而得出某一类型的文章在表现手法、表达方式、作者的情绪等方面的相同点和不同点，从而真正地了解这种阅读分析的方法和技巧。在高中语文教学中，如何有效地开展主题阅读，是提高高中语文阅读教学质量的关键。其次，它可以让高中生对阅读的兴趣更加浓厚，帮助他们更好地理解和吸收文本中的一些重要的知识。它可以有效地提高学生的阅读理解能力、阅读兴趣，使学生养成自主阅读的习惯，从而加大学生终生学习语文的可能。

（一）提炼主题

阅读种类繁多，包含着多种文本，构成了一个丰富多彩的阅读世界。高中语文老师可以通过整合类似的阅读材料，提炼主题，建立主题教学模型，指导学生对阅读内容进行分析，从而使学生更好地把握文章的主旨和对文章进行理解。总的来说，将相似的文章结合起来，可以减轻学生的分析难度，能让他们学会举一反三，从而形成高效的阅读教学课堂，提高教学效率。

高中语文课本上有咏物、咏人、咏史类的文章，有诗歌、散文、小说、戏剧四大文体，有表达情绪的文章，有写自然、爱国、信仰类的文章，种类繁多。高中语文教师应将类似的阅读材料进行联系，并将其与教学内容相结合，整理出教学过程，使教学活动更有条理，减少混淆的产生，从而使学生形成正确的理解。

例如，在类似的阅读中，老师可以向学生介绍文章的作者，让他们知道他们的生平事迹、代表作、写作风格。这样的教学模式通过比较和分析，能使学生更好地理解作者。其次，结合课文的内容，对有类似特点的句子和段落进行全面的分析，能增强学生的阅读能力，达到提高课堂教学效率的目的。

（二）调整教学内容

高中语文教科书的编排是有规律的，但这并不代表教科书的编排没有变化。高中语文教师应根据具体情况，合理地组织教材，对教学内容进行整合，有针对性地选取阅读材料进行教学，建立主题模型，从而达到提高学生阅读水平的目的。

高中语文课本上，有两篇课文是四大名著中的故事，分别是《林黛玉进贾府》和《林教头风雪山神庙》。四大名著在中国文学史上占有举足轻重的位置，其文学价值是无法估量的，是当时社会环境中的文学高峰。高中语文老师可以将主题设为"名著"，将两个故事有机地结合在一起进行教学。这样既能加深学生们对四大名著的认识，又能使学生对四大名著产生浓厚的兴趣，从而达到提高课堂教学效果的目的。

同时，高中语文教师也可以将相同作者的作品组合起来进行教学，或将体现出相同事实的文章有机地结合起来，突破课本的设置，改革教学方式，让学生在学习中获得真正的好处，从而提高学生的学习能力。

（三）开展标注式阅读

教师针对某一主题开展阅读教学时，也可以让学生们在进行自主阅读或分析教师提供的相关文章时，对自己认为的某些关键的句子、单词进行标记，并把自己所理解的东西写在旁边，这样就能更好地把阅读分析的过程写清楚。老师可以指导同学们，并且和同学们一起讨论，一起完成学生的阅读理解。最后，老师会组织学生再次对这些文本进行阅读理解，并让学生们一同进行阅读分析，通过讨论，帮助学生找到正确的阅读和分析的方法。

以人教版高中二年级必修课五的《边城》为例，老师们可以在网络上查找文学课文，并将其打印出来，发给每位同学，让他们自己去阅读和分析。在这个过程中，老师要让学生在自己的文本中，把自己觉得很好的、很有创意的词语都标记出来，并且把自己理解和分析的内容都记录下来。之后，老师会安排同学和同桌进行交流，让他们一起对内容进行分析和评价标注，先让他们自己去完善。最后，老师可以将整个班级的同学重新组织起来，再次分析、理解那些由老师提供的文学作品中所包含的重要内容，并让学生根据老师和同学的建议，不断对自己所标注的内容进行完善，这样才能使学生更好地理解和吸收文学作品的内容，并在一定程度上把握这种文本的关键信息，从而提高自己的阅读分析能力。

（四）加强素材积累

在目前的教育改革背景下，读、写结合已成为提高阅读教学效率的重要途径，在语文教学中进行读写结合不仅可以使学生更好地理解和吸收有关课文的内容，还可以使他们获得大量的写作材料，从而提高他们的语言表达能力，提高他们的写作水平。

所以，高中语文教师也可以把阅读与写作相结合来进行主题教育。在培养学生独立阅读和分析的基础上，注重收集优秀的语言和写作材料，并在完成阅读分析后进行写作训练。这样既丰富了阅读教学活动，又提高了学生写作水平。在此阶段的阅读教学中，学生可以将自己所收集到的材料用于今后的写作，提高自己的写作水平。

四、推动整体阅读

在当前的高中语文教学课堂中，对学生阅读能力的培养是非常重视的。因为学生的阅读能力关系着学生的写作能力，所以教师可以将两者进行有效的结合。这样才可以在面对不同教学资源的前提下，逐渐地提高学生在阅读活动中的参与度，也能够让学生的语文思维得到良好的发展。教师可以通过比较阅读教学法的实施，对于课堂中的阅读教学问题，进行合理的解决。

高中语文新课标提倡整本书阅读，可以认为既是关注高中生现在的发展特征，又是应对将来的高考要求，更是为一个人将来的发展奠定基础。高中阶段，学生的理解力、思辨力需要进一步发展，而单篇课文或节选自名著的片段，毕竟篇幅较短，不像整本书能提供宏大开阔的背景、复杂多变的情节、丰富多样的人物性格以及内涵深远的主旨，来供读者进行阅读、揣摩和思考。因此，进行比初中阶段更有厚度、更有深度的整本书阅读，是高中学生发展的必然需求。笔者在实践中发现，当高中生经过教师的引导和自己的坚持，完整地读完一些有厚度和深度的名著时，无不流露出自豪的神情。这对高中生的意志力也是一种很好的锻炼。

整本书阅读是一个宽泛的概念。这里的书不是单纯指纸制印刷品，它是相对于语言教育语境而言的，所有与语文教材、选文作者和语文教学密切相关的、具有显性教学资源属性的阅读教材都包含在整本书阅读中，它可以是文学作品，也可以是哲学类、诗歌类的图书。关于阅读，古今中外的许多教育家、作家一致认为，青少年时期是阅读的最佳时期，而青少年时期阅读的理想状态就是多而杂地去阅读。不过，结合实际来看，高中生阅读现状不容乐观。受应试教育影响，高中生的学习压力较大，许多人根本无暇进行经典阅读，高中生的阅读兴趣整体不高。因此，在新课改推动下，指导整本书阅读也成为广大教师关注的新课题。

当前高中语文整本书阅读尚存在如下问题：

（一）课堂教学氛围不佳

阅读氛围是催促学生进行整本书阅读的原动力。但笔者在日常教学过程中发现，目前高中语文整本书阅读的过程中，因为整本书阅读的正确引导依然在探索环节，学生抵触情绪比较厉害，教学过程的氛围很不理想。再加上一部分学生面对高考压力，不论是在语文教学还是课下学习过程中，都会选择"快餐式"阅读方法。他们试着在教师具体的指导中成长，很少独立阅读一本书。在开展课堂教学的过程中，许多教师也意识到了语文学科阅读需正确引导，避讳急功近利，但在高强度运行下，整本书阅读多滞留于老师推荐书籍或是学生自主阅读过程中。长此以往，学生难以建立良好的阅读习惯，阅读的氛围也欠佳。

（二）重精读轻略读

在这个阶段，一些教师已经认识到了整本书阅读的必要性，并开始在教学中渗透素材，与具体的日常教学指南相结合，引导学生在学习中进行思考和研究，在特定的学习指导中同时精读和略读以达到最佳的教学效果。但在教学过程中，文选式教材很多，因此，注重精读导向是实现独特阅读的基本途径。学生在精读后进行思考和分析，但由于缺乏略读指导，学生很难读完整本书，结合阅读材料分析的表现也不尽如人意。在全书阅读过程中，教师应随着时间的推移在精读和略读之间交替进行。

五、提倡个性阅读

兴趣是最好的老师，没有阅读的兴趣，语文学习将成为无源之水。教师首先要把个性化的阅读方法有机地结合到教学中，从而创立一个多样化的语文阅读课堂。所谓阅读问题整合，指的就是教师在授课的时候，要针对本节课所学习的课文，提出相应的问题，供学生去解答。同时，教师要根据个性化阅读的教学要求，利用合适的教学手段去进行教学。

（一）采用活动教学，激发学生个性化阅读兴趣

在如今高中语文课堂教学中，个性化阅读习惯的养成不应该仅仅局限于语文课上，因为这种形式非常限制学生思维能力的发展，久而久之会让学生逐渐忽视阅读的重要性，从而难以养成良好的阅读习惯。针对此情况，在实际教学中，教师可以有效开展阅读活动，让学生通过活动逐步感受到语文阅读的重要性，并规范自己的阅读行为，不断提高自己。阅读是一种理解、领悟、吸收、鉴赏、评价和探究文章的思维过程，通过此过程学生可以改变思想，获取知识，甚至可能改变命运。

阅读的材料往往来源于生活，即使是课本中的内容也是作者通过仔细观察生活中的现象而写出来的。因此，教师在设计个性化阅读教学方法的课程时，可以适当将实际生活融合进去，让学生更容易理解。在现在的教学中，许多教师仍然只注重知识点的讲解，忽略了知识点与实际生活的结合，阻碍了学生的个性化发展和对文章理解能力的提高。

（二）设立情境导学，营造教学个性化阅读氛围

情境导学是指教师在教学时利用各种教学手段创设学习情境、营造良好学习氛围的重要环节。与传统的教学方式相比，情境导学有许多的优势，它可以将学生很快带入到阅读的氛围当中，使得学生以轻松愉快的方式去面对阅读中所出现的问题。教学情境是教学的一种依托，构建一个良好的情境能够对学生学习产生积极的影响。一堂有吸引力的阅读课程，必须有一个良好的开端，从而使得吸收知识的活动产生一种诱人的力量。

例如在阅读《红楼梦》时，首先可以通过多媒体教学设备，播放一段《红楼梦》的影视片段，让学生进入一个生动的文学情境中，激发他们的学习兴趣

和热情。接着，可以引导学生进行自主阅读，鼓励他们根据自己的兴趣和爱好，选择不同的章节或段落进行阅读，让他们在个性化的阅读中感受文学的魅力。同时，可以通过小组讨论、角色扮演等方式，让学生们分享自己的阅读体验和感受，促进他们的思维的碰撞和交流。最后，可以进行个性化的评价和反馈，根据学生的阅读情况、理解能力和表达能力，给予学生有针对性的指导和建议，帮助他们更好地提高自己的语文素养和综合能力。可见通过高中语文情境导学，可以营造个性化阅读氛围，激发学生的学习热情和兴趣，提高他们的语文素养和综合能力。

（三）设置开放问题，创设个性化思维发展平台

问题是诱发学生思维展开的最佳途径，高中语文阅读的过程本身就是学生思维开发的过程。由于学生的知识掌握程度不同，因此在进行同一篇文章的阅读时，学生的思想以及感触也会不同。基于此，教师在教学过程中可以尝试创设一些开放性的问题，为学生的思维拓展提供良好的平台，在阅读教学过程中，充分尊重学生的主体地位，将学生的能力培养作为教学的首要目标。

（四）尊重学生个性，强调个性化阅读学习多元化

个性阅读，并非意味着学生怎样解读文本都是正确的。尽管同一读者在不同的阶段对同一文本也会有不同的认识和感悟，但作品所表达的情感以及蕴含的内容都具有相对稳定性。在新课程的要求之下，教师的教学以学生为中心，并且阅读教学也必须以学生为中心，在此基础上鼓励学生对文本进行自主理解。教师在学生个性化阅读能力培养的过程中，应采取多元化的教学方式，对文章内容进行探究，从而提高学生对阅读的积极性。

六、鼓励探究阅读

高中生面对的是高考，所以其阅读就不免带有很强的功利性。学生要实现高考得到高分的目标，仅靠个性化阅读是不够的，还必须建立阅读层次序列。教师要借助第一学年个性化阅读已经形成的探究习惯和方法，促使学生的阅读成为自觉行为；要将学生的视线引导到教师指示的范围上，并要求他们把爱好阅读的经验自觉地加以运用；并且要培养学生对各类文体的阅读方法，尽量使学生阅读的感悟能力、认识能力趋向教学的要求。

可以在教学的过程中将学生自主阅读与教师点拨相结合，进行探究性学

习，学生要在教师指导下，以类似科学研究的方式去获取知识和应用知识。著名学者靳玉乐在《探究教学论》中指出："探究性学习包括相互联系的两个方面：一是有一个以'学'为中心的探究学习环境；二是给学生提供必要的帮助和指导。"因此，探究性阅读教学必须把学生自读和教师点拨结合起来。

在语文教学中，教师必须根据教材特点和学生实际，以学生为主体，创造性地运用有效的教学策略，引导学生参与阅读实践，经历阅读探究过程，从而有效地改变纯接受性的学习方式，创造性地指导学生进行各种各样的探究性阅读。在阅读活动中，要解放学生的童真个性，张扬学生的生命活力，拓展学生的思维空间，提高学生的阅读能力，使学生实现知识的主动建构，全面提高学生的语文素养。

现阶段，为了让学生有更好的自我发展的机会。在实施新课标所倡导的课内向课外延伸的教学思想的过程中，我们应端正我们的观念，走出误区，以学生为主体，找到更有效的阅读教学方法，给学生更多的指导，解答他们的困惑，适应新的教学评价，让他们扬起兴趣的翅膀，翱翔在浩瀚的语文海洋里，到达成功的彼岸。

七、引导读写融合

现阶段，我国高中语文读写结合的写作模式正面临着受限于传统教学思路与教学模式、多学科压力挤压课外阅读时间、重视阅读兴趣培养而忽视阅读素材积累、难以把控好教学和自主思考时间等问题。

（一）现阶段高中语文阅读理解与写作教学面临的挑战

首先，部分语文老师仍未转变传统的教学思路及教学模式。部分语文教师在语文阅读理解和写作教学的过程中，未能充分地利用多媒体设备以及互联网等技术，来扩展语文阅读和写作教学的资源以及素材，以至于现有的课外阅读素材过于单一或是老旧，难以有效扩展学生对于阅读理解以及写作所需要的知识能力，因此也就难以支撑起学生们提高自身写作能力的动力和知识积累。

其次，高中阶段学生面临着多学科的学习压力以及学习任务，因此难以用有限的时间来扩展课外知识的阅读和学习积累，只能通过老师在课堂上讲解知识以及老师的素材进行补充。因此学生们也就难以通过阅读课外书籍来积累大量的写作素材和写作经验，难以运用所积累的知识支撑起写作的论点、论据，进而降低了写作的质量以及可信度。

再次，存在过分重视阅读兴趣的培养，而忽视了阅读素材的积累的现象。现阶段许多学生在作文中出现套用范文、套用同质化程度较高的人物素材等问题，主要原因还是学生们在阅读课外书籍时缺乏积累素材的意识，再加上受到应试教育以及高考等因素影响，许多学生阅读课外书籍时具备极强的目的性或是按照个人兴趣来阅读，而忽视了对语文教材和课外书籍中优美词句、人物形象等内容的积累。因此，虽然学生花费了大量时间和精力阅读课外书籍，扩展了个人的视野以及知识面，但是由于忽视了对于课外书籍中优美词句、写作技巧、典型人物案例等内容的学习与关注，以至于未能将优秀的课外书籍中的语文内涵和写作技巧等内容运用在个人的写作当中，最终也就难以实现通过阅读与写作的有效联动来提升学生的写作能力的目的。

最后，部分教师受限于自身的教学能力以及教学风格，难以有效地把控好教学和学生自主思考的时间，因此也就造成部分学生难以形成自主思考意识和创作意识，渐渐失去对语文阅读和写作学习的积极性和探索精神，文章写作也逐渐向低质量方向发展。

（二）高中语文阅读与写作有效结合方法

1. 把握教材，深度挖掘阅读技巧

学生在高中阶段的语文学习和知识积累的过程中，都夹杂着对阅读理解能力和写作能力的培养，再加上高中语文教材是凝聚了大量的语文专家学者的心血和融入了古今中外优秀的语文作品，平时语文教材蕴含着各方面的语文知识内容、多样化的阅读技巧以及写作技巧等内容，因此需要老师在日常的课程教学当中，引导学生仔细全面地品读课文文章，并从中理解作者所要表达的情感内涵以及写作技巧，学会将各类写作技巧以及写作手法进行归纳总结，并学以致用地运用在特定的写作题目当中。具体的阅读课本以及学习课本内容知识的方法如下：要求老师能够引导学生学会正确的课文阅读技巧以及思考方法，把握文章中心要点、行文脉络、思想情感等内容，并鼓励学生能够以自己的思想认知以及思考方法去理解文章，在阅读的过程中记录难以理解或是值得背诵的词句，可询问老师或是与同学进行交流。

例如在学习人教版高一课文《纪念刘和珍君》这篇文章时，老师应该首先引导学生分析鲁迅先生这篇文章写作的思路和蕴含的情感，然后鼓励学生根据鲁迅先生在该片中所展示的写作方法与思路，通过"引述、议论、联系、结论"四大方法，来模仿学习。引述是指通过引述某一具体现象，并结合具体的故事或是名言警句，在文章中提出个人观点。"议论"是指对事件发生的原因、意义、作用等内容进行详细的议论。"联系"是指通过联系与个人观点相关的古今中外的人物或事迹，来进一步深化和强调文章的主题和观点。"结合"是指提出与开头相呼应的观点，并在结尾提出最后的结论。

2. 学会积累阅读中的写作素材

为了更好地有效开展高中语文读写结合教学模式和提高教学效果，需要老师引导学生从日常生活、新闻报纸、课外图书等方面，积极地积累各类型写作素材和资料，并让学生经过不断地总结、探讨思考等过程后，最后应用在特定的写作题目中展现个人观点。因此也就需要语文老师给学生预留一定的课外知识阅读时间，能够让学生们在阅读课外书籍和新闻报纸等内容中，积累大量阅读素材和提升自身思考能力和逻辑思维能力。

例如在学习《孔雀东南飞》这篇古文时，要求语文老师能够引导学生理解该篇文章所表现出来的"坚贞爱情"的情感基调，并对该片古文的各段落展开通篇阅读和材料翻译。其次，老师要预留时间让学生自行感悟或是与同学进行相互交流和总结所感悟的内容，并将最终的想法和思考记录在笔记本当中。预留时间让学生进行思考和知识积累的过程，并不是简单地将该篇文章中优美华丽的词句进行记录，而是要求学生能够将从文章所感悟的内容和情感以自己的语言进行记录，并且能够将其运用在特定的文章写作当中。《孔雀东南飞》这篇文章最大的特点是采用了对偶的写作手法，因此老师可以重点对对偶这一写作手法以及常用的写作手法进行讲解，并让学生用对偶的写作手法来阐述生活中遇到的事情，以此来加深学生对写作手法的理解和应用感悟，逐渐学会将自身日常生活与学习中的感悟和经历以写作素材的形式，呈现在具体的文章写作当中。

3. 对语文教材或是课外素材展开续写

高中语文教材中包含了许多引人深思和想象力丰富的作品，这些语文教材或是课外素材都可作为学生文章续写的素材。为了更好地开展读写结合教学模式以及提高学生读写结合能力，老师们需要科学合理地选择文章来作为续写素材，以此来充分发挥学生们的想象力、写作技巧，锻炼他们的写作能力。因此需要学生们能够理解文章所表现出的思想内涵、写作风格、人物形象、剧情线索。在老师提前预先创设好续写的后续情景的基础上，学生们可以充分地展现个人的写作技巧与写作能力、想象力与创造思维，还可以对文章进行再次创作。

以人教版必修五《边城》这篇文章为例，该篇文章在沈从文先生多样化的写作技巧中充分地彰显了人性美和人情美，并且文章预留了足够的续写空间和想象空间。老师需要先引导学生分析《边城》这篇文章主人公以及其他的人物形象以及心理状态，并基于文章中的人物行为以及性格特征，来展开文章的续写。通过引导学生理解全文大意、思想内容、写作风格开展文章续写的环节，帮助学生进一步加深对于人物形象以及写作技巧等方法的理解与掌握，更好地激发出对阅读课外书籍以及文章写作的积极性和主动性。

把握教材和深度挖掘阅读技巧、学会积累阅读中的写作素材、对语文教材或是课外素材展开续写等方法，是高中语文阅读和写作有效结合的具体思路。

八、阅读教学中融入核心素养目标

核心素养是对德育教育明确提出的新理念，目的是为了更好地培养融入现如今社会经济发展的新式优秀人才，把培养核心素养渗入在教育和实践中去。新课程改革至今，老师对培养学生核心素养越来越重视。在课堂教学中老师高度重视学生核心素养的培养，以实现提升学生自主创新能力和实践活动能力的目的。核心素养并不是一种静止的学习方法和专业技能，它是一种可以持续提升和升级的能力。语文学科核心素养是一种以语文能力为核心的综合素养，它主要包括"语言建构与运用""思维发展与提升""审美鉴赏与创造""文化传承与理解"四个方面。在高中语文课程中具体反映在学生的逻辑思维、语言表达、审美观、历史人文四个方面，提升学生的语文核心素养，是语文老师的关键工作，这将有利于激活和完善学生的综合能力，助推学生的全方面综合发展。

（一）提升学生语文阅读的理解能力

在普通高中语文核心素养的四个方面中，"语言建构与运用"是最基础的方面，也是语文核心素养的关键构成部分。语文教师在课堂教学时要找准切入点，有效启发，切勿让学生泛泛而读。引导学生在对文本开展归纳融合的过程中，仔细品味。教师应寻求最合适的教学方式，在读懂读透的基础上提高学生对文本的逻辑思维能力。

如在学习《大堰河——我的保姆》这首诗时，可设定三个教学环节：初读课文，分析诗题；精读课文，分析原诗；朗读课文，提升感情。让学生在初读中梳理内容，掌握大堰河的形象。在初读的基础上开展精读，让学生抓头尾和关键章节目录，掌握原诗的主题风格，体会诗歌的情感，进一步加深学生对文本的了解。最后开展多样的朗读活动，让学生了解词人的情感转变，整理诗歌的层级，品位诗歌的语言。

（二）培养学生的思维能力

读写结合是语文教学中不会改变的对策，它包括了学生对语言表达的解释及其运用的全过程。教师需在学生灵活运用阅读方法的根基上，在课堂上持续开展读写能力的练习，以此来提升学生的思维能力和写作水平。

例如，学习《边城》前，规定学生读原著，感受著作的美。学好课文内容后，规定学生模仿"《边城》是一幅用墨笔织就的五彩之画"继写几句，使之组成词意连贯性的排比句。不到五分钟，学生展现成效：《边城》是一幅朴实无华的风俗画卷，《边城》是一杯醇香悠长的陈年珍酿，《边城》是一首荡气回肠的无韵之诗……多种多样的语句，多角度展示了学生的语言功底与设计灵感。在学习《项羽之死》时，可以引导学生从司马迁的视角去认知项羽，让学生阅读文章的相关资料，汇总项羽的性格特点，剖析楚汉之争项羽不成功的直接原因。随后再让学生随堂写一篇不少于300字的小短文——"项羽，我想对你说"。学生在大量阅读文章的根基上拥有更广泛的视线和思维空间，便能够更好地寻找出创作的突破口。

（三）提升学生语文阅读的审美能力和创造能力

在语文课阅读课堂教学中，教师要善于扩展教材内容，让学生由课内向课外拓宽。教师应选择那些思想灵动、感情细腻的文学作品，让学生在阅读中去体会佳作中呈现出的无穷艺术美；重要的是学生要能应用规范的文字去表达自身的感受。教师应高度重视学生的人性化阅读，塑造学生优雅的审美情趣。

在学习沈从文的《边城》时，教师可让学生在课余时间通过阅读去发觉并感受《边城》呈现给读者们的"三美"：景色美、风俗美、人情美。学生在山水田园式的诗情画意里，在善与美的生活理想中，内心获得美的浸润。在学习《林黛玉进贾府》时，教师可规定学生在假期内提早阅读《红楼梦》原著，并细读前五回，让学生融合"金陵十二钗"的判词剖析宝玉、黛玉、王熙凤等主人公的境遇和运势走向。在讲授"宝黛初会"这一经典章节目录时，把越剧"天上掉下个林妹妹"这一精彩选段引入课堂教学，让学生对最自带话题感的男女主人公初见面时机缘巧合、惺惺相惜的场景有十分形象的认知。并可鼓励学生们走上讲台分角色进行现场演绎，当一回演员，做一回"红楼中人"。学生在古典诗词、传统戏曲的艺术陶冶下，文学审美能力和鉴赏能力持续得到提升，创造能力也被不断激发。

（四）提升学生语文学科的文学素养

高中学生面临着较大的课业压力，他们需要持续提升自我，才可以在激烈的竞争中站稳脚跟。在应试教育仍占主导的大环境下，很多教师通常只注重学生学业成绩的提高，而忽略了学生的心理需求。在课堂教学中，教师可以通过举办辩论会、读书交流会、诗文朗读比赛、课本剧等多样化的活动，让学生融进其中并体会阅读衍生的快乐。

例如，在以"毛泽东古诗词"为主题风格的群文阅读课堂教学中，教师可以以阅读座谈会的方式开展活动。在活动进行前，教师先让学生在课下阅读毛泽东的古诗词著作并挑选其所喜爱的诗词开展解读。学生可以讲述古诗词的内容、艺术手法、诗意等，还可以讲述自己对这一首诗词的心得体会。在主题活动环节中，教师便让学生在讲台上解读自己心仪的古诗词，从学生的讲述中共同体会不一样的诗词之美。多种形式的阅读活动，极大地开阔了学生的阅读视野和专业知识，提高了学生总体阅读的文学素养，也让学生对中国文化的传承和理解有了更多的认识。

总的来说，对学生开展核心素养的塑造是高中语文阅读教学全过程中十分关键的一环，这就要求教师必须创新高中语文阅读的教学理念、教学方式及教学策略，更大限度地推动学生在语文课堂上核心素养的高效提高，助力他们向更全面、更自信的方向发展。

第二章 高中语文整本书阅读教学内涵与价值

第一节 高中语文整本书阅读教学内涵

高中语文整本书阅读教学，是通过完整的阅读体验，让学生的阅读能力与语文素养得到提升，同时引领学生成长。与单独篇章相比，整本书阅读对于学生的发展有更突出的作用和意义。

一、在整本书阅读中学会成长

有人说，"一个人走可以走得很快，但一群人一起走才能走得更远"。这话对于整本书阅读教学而言，同样非常适用。我们在不少整本书阅读做得比较好的高中发现，也许有个别教师是比较突出的，但作为一个学校来说，还是因为语文教师群体发挥了合力。对个别教师而言，个人的阅读范围相对有限，并且由于个人的阅读爱好和倾向，可能对于某些书籍的理解就不如他人。如果有集体备课的帮助，有共同研讨的氛围，则显然更有利于整本书阅读的教学。统整集体力量，还在于让整本书的阅读富有高度。如之前所批评的缺乏高度的做法，很多是独学无友、闭门造车的结果。南京师范大学附属中学曾对高中三年的整本书阅读进行了整体设计，构建了包括国家课程体系、校本阅读体系、自主阅读体系在内的"三级阅读体系"。该体系对阅读内容进行了包括篇目、版本、阅读时间在内的具体规定，既有整体安排，又有自主选择空间。安排阅读内容时注意到由易到难、中外兼顾、文学作品与文化论著并重、三级体系互动共生，从高一到高三进行了整体设计。而阅读体系绝非一人之功，是几代附中语文人在实践中不断修订形成的硕果。这是统整集体力量从而产生良好效果的范例。

在阅读过程中，学生以自读为主，教师要陪伴学生一起阅读，并且要打造相应的阅读环境。可以采用阅读学程的形式进行。如在阅读《青春之歌》的时候，可以设计以下阅读学程。学程目标：完整讲述故事情节；选择书中最感兴趣的一个人物，讲述他（她）的主要经历，并对其进行评价；了解《青春之歌》中主要人物的性格特征，概括主要人物的性格特点；为你喜欢的书中人物画一幅画，并根据他（她）的性格特征、命运写一首诗；掌握画读、查读、注读、问读的读书方法；选择你最喜欢的文章中的文字，有感情地朗读，然后跟你的小组成员分享；写一篇不少于500字的小论文，试论"社会与个人的关系"，谈谈你对这个问题的见解；学习、理解、继承中国革命文化。阅读时间：两个月时间，每周安排1课时阅读，指导阅读1课时，小组研讨1课时，课堂交流展示4课时。指导阅读的方法示例：如在阅读到第二部第十六章林道静守在北大门外女生宿舍看到两个小孩的时候，可以这样注读：作者通过两个小孩的外貌的描写（写了什么），运用细节描写、对比（怎样写的），写出了苦难的人民在国民党统治下的悲惨遭遇，流离失所，食不果腹，父母双亡（效果），表达了作者对人民命运的关注，对国民党反动派的痛恨（表达了什么），让人感受到，只有推翻罪恶的统治，人民才能过上幸福的生活（给你的感受是什么）。在导读中，教师要将"方法——思维——素养"的主线贯穿到导读中，教会学生阅读的方法，提升学生逻辑思维，如"注读"中，"写了什么——怎样写的——效果——表达了什么——给你的感受是什么"的注读式方法。这是赏析诗歌句子、散文、小说语句的答题方法，最终提升学生的语文素养，如对文字的触觉，对文字的感受能力等。在分享与表达环节中，要注意形式的多样性。随着教育技术手段的日新月异，教师不应只使用传统的教学方法，应结合现代教育手段，利用现代教育技术，让学生更好地享受阅读的乐趣。

（一）进行阅读总结，开展阅读点评

高中语文整本书阅读指导中，培养整本书阅读共同体，是提高语文整本书阅读质量的有效途径，而培养阅读共同体的一个有效途径就是阅读检测和点评。因此，在高中语文整本书阅读中，教师除了要注意给学生提供阅读指导和帮助外，还要做好阅读方法介绍，做好阅读检测、点评和批注。如学习高中语文必修四（鲁教版）第三单元"洞察世道沧桑"章节时，教师给学生推荐的阅读书目为余华的《许三观卖血记》和《活着》。在学生开展整本书阅读时，教师要求学生每周提交阅读笔记，并在阅读笔记中概述情节，记下书中令人难忘的细节。然后，在课堂教学中让学生根据书中的某个情节进行舞台剧改编和表演，或者让学生以"由《活着》而想到的……""写给（书中人物）的一封信"为主题来练笔，并对写得优秀的文章展开指导性赏析和点评，学生收获了很多。

北京大学温儒敏教授曾多次强调："名著阅读是为学生人生'打底子'的需要，提高学习者阅读兴趣是语文教学的'牛鼻子'。"因此在整本书阅读的过程中，教师不仅要创设良好的生态活动情境引发学习者的阅读兴趣，还要在生态活动情境中授予学生有效、科学的阅读方法。我们将在整本书阅读的研究领域继续跋涉前行，力争摸索出一条适合我校学情的整本书阅读指导的新路子。

整本书阅读的阅读量相对来说比较大，而且时间的跨度会比较长，利用多元化的阅读评价能够使学生在阅读的过程当中一直保持着长久的热情，并能积极地完成学习任务。整本书阅读的阅读评价应当提倡评价主体的多元化，比如说教师可以参与评价，学生自己可以参与评价，家长可以参与评价，学校也可以参与评价等。评价内容包含有教师对学生的评价、学生对自己的评价、学生之间的互相评价，以及家长对学生的评价和学校对学生的评价等，更重要的是学生也可以和教师进行互评。

在这样的评价模式之下，评价不再是评价者对被评价者的单向刺激和反应，而是评价者和被评价者的双向交流与互动的一个过程。在整个评价当中，还需要考虑到整本书阅读的阅读特点，所以评价的重点应当是学生的自我评价和学生之间的互相评价。教师应当引导学生积极地参与到评价活动当中，按照自己既定的学习目标和学习任务，发现自己在阅读过程中的不足之处，并积极地调整自己的阅读和思考的方向以及阅读的进程。除此之外，教师还应当了解到每一种评价的方法都有其自身的优势和劣势，所以在展开阅读评价时，应当充分地运用到多元化的评价方式，才能够使学生的阅读评价更加地全面、科学且公正。

高中语文教育工作者在指导学生进行整本书阅读时，应当对学生展开正确的指导，注重培养学生的语文核心素养，使学生在阅读过程当中能获得更加丰富的阅读体验，以此提升学生的整体阅读能力和阅读水平。而且语文教师在未来的教学过程当中，也需要树立终身学习的理念，不断地加大自己的阅读量。只有身体力行才能够更好地指导学生，才能够在整本书阅读的过程当中和学生共同进步，有效地激发出学生的无限力量。

（二）从学科特点出发，培养学生的核心素养

新课程标准中指出高中语文教育工作者应当引导学生在语文学习的过程当中积累丰富的语言，帮助学生形成良好的语感，让学生掌握学习语文的基本方式方法，促进学生良好的学习习惯的养成，最终提高学生的语言理解能力、语言掌握能力和语言应用能力。所以说高中语文教师在展开整本阅读的教学时，应当从语文这门学科的特点出发，有效地培养学生的核心素养。语文是一门语言类的学科，在展开整本书阅读时，学生除了要去了解阅读的内容和阅读的知识点，在阅读的过程当中获得良好的精神影响和情感熏陶之外，还需要重点学习如何进行语言运用。在完成这本书的阅读之后，高中语文教师不能仅仅停留在精神表面对学生展开教学，而是应当深入到语言运用的方面，有效地提升学生的整体语文学习能力。

例如，在进行《乡土中国》整本书阅读的教学时，教师可以将整个阅读的过程分为自主阅读感悟和专题深入探索两个阅读的阶段。在自主阅读感悟阶段学生需要了解书籍当中所包含着的14篇论文分别是什么，这14篇论文分别讲了什么，在阅读完这14篇论文之后自己已了解到了什么。专题深入探索阶段的侧重点是从整本书的主旨、语言等展开专项的探讨和研究，比如说从多维度去分析整本书的主题，感受整本书的语言特色、主要运用的艺术手法等。通过这样的专题深入探究组合的整本书阅读，能够使所阅读的书籍更加有效地体现出语文学科的特点。

（三）从学情特点出发，丰富学生的阅读体验

阅读整本书应当充分地利用学生的课内外时间，引导学生进行自主阅读，并让学生在阅读之后尝试去撰写笔记，师生之间进行交流和讨论。而不应当由高中语文教师代办为学生讲解，因为这样的阅读方式会严重地限制学生的思维发展，不利于学生创新性思维的形成。所以在展开整本书阅读教学时，高中语文教育工作者除了要将培养学生的语文核心素养放在主要的教学地位之外，还需要充分地去关注学生在阅读过程中的情感体验。

整本书阅读相对来说所需要花费的时间比较长，而且阅读的自由度也比较高，所以整本书阅读应当以交流和讨论为主。教师应当给予学生充分的阅读体验时间，让学生深入到文本当中，与书中的人物产生共鸣，和书中的人物进行对话和交流，保证自己的思想感情与书中人物的思想感情一致，共同去体会喜怒哀乐，这样才是有效的阅读教学。所以高中语文教育工作者应当鼓励学生进行个性化的阅读体验，在阅读过程当中去感受、去思考、去收获，而不是为了考试才去阅读。高中语文教育工作者应当在整本书阅读的过程当中，及时地去了解学生的阅读情况，督促学生的阅读进程，并解决学生在阅读过程当中遇到的疑惑，和学生一起去交流、讨论学生在阅读过程当中所出现的问题，共同去欣赏优美的文本。这样关注学生阅读体验的教学模式，才能够引导学生进入到更深层次的阅读当中。

例如，在进行《乡土中国》整本书的阅读教学时，教师就可以让学生在阅读的过程当中准备一个阅读摘抄本，将自己认为写得好的段落、能够触动心灵的句子都摘抄下来，并在课堂上大声地朗读。在阅读的过程当中还可以积极地和老师进行交流与讨论，谈一谈自己的心得，大胆地说出自己的想法和见解，然后带着这些体验进入到另一个阅读阶段当中。这样的教学模式不仅仅能够使学生对文本内容有一个更加深刻的感受和理解，还能够丰富学生的阅读体验，有效地激发出学生的阅读兴趣，提高学生的阅读能力和阅读水平，让每个学生都能够在阅读的过程当中有所获、有所得。

二、整本书阅读中综合能力培养

学生在高考要求的必备知识、关键能力、学科素养、核心价值四个层面均得到了提升。

（一）"听说读写"能力的提升

整本书阅读能够让学生接触到足够丰富的语言，有利于学生根据自己的喜好进行吸收。学生在整本书阅读过程中，能逐渐形成语言表达的能力，养成良好的语言表达习惯。

（二）强健思维，提升境界

阅读是获取知识的过程，但在思考的过程中获得自己的思想才是阅读的主产品。阅读是发展学生思维的重要方式。学生通过大量阅读，获得大量信息，并且与自身对照，通过反思，使自己的思想不断成熟。

整本书阅读提供了让学生思维得以深入的可能性，为学生提供了足够的思考空间，让学生的思维更加广阔和深入。对整本书的阅读讨论，学生能通过与他人观点的比照，做出新的思考和判断，使思维更加深入。

整本书负载着文化，在阅读的过程中，学生自然就会受到文化的熏染。使他对民族文化和民族性格有更多的体悟，文化的因子就会进入到学生的血脉之中。学生拥有了独特的价值观念，就能形成独特的文化人格。

（三）价值观的转变

在整本书阅读的过程中，必然包含智育和德育的因素，并且始终伴随语言学习过程，这是须臾不可分的。语言承载的美与语言本身使学生的审美水平不断提升。一本书往往能把智育、德育、美育完美地结合在一起，整本书阅读能够提升学生的人生境界，能够使学生具有更完美的人生。

三、构建整本书阅读氛围，引导学生阅读

学校应主动以实际行动，大力强调读书对学生的重要性，完善阅览室功能，营造阅读氛围，开设阅读课程，为学生提供阅读后的小组讨论，展示小组阅读的成果，给学生足够的时间让学生充分展现自己。加强家校合作，向家长明确传达阅读全书的意义，通过家长会等方式加强宣传，帮助家长了解阅读全书对提高孩子阅读能力和水平的重要作用，引导家长鼓励孩子课后阅读全书，爱上阅读。

学生在阅读中出现的最大的问题是面对大量文本时缺乏阅读兴趣。学生阅读兴趣占据了非常关键的位置，如果学生对阅读没有兴趣，那么学生在阅读过程中就会处于被动状态，无法将自己的情绪和思想投入到书中，导致阅读效率低下。语文教师在设计阅读书籍综合教学计划时，应注意培养学生的学习兴趣，目的是调动学生的阅读情绪，拓展学生的想象力，提高学生的阅读体验，能在短时间内迅速唤起学生阅读全书的欲望，促进学生汉语阅读水平的全面提升。

当我们选择读一本书的时候，很多时候是因为听说过，或者是因为看了一小章觉得很有趣，然后再找一整本书读完。每一本书都有自己的特点，有的情节怪异，有的语言风格独特，有的人物塑造得深刻。因此，要激发学生的阅读兴趣，就要让学生从一定的兴趣点出发，让学生更加热爱阅读，主动融入书

本的世界，探索书中的思想。以学生的视角，寻找学生的兴趣，以设计有趣的"学习联系"为出发点，让学生在阅读全书时获得新的体验，逐渐改变自己的阅读观，以感性思维为动力，对作品进行分析，一点一点地发现阅读的魅力，从而达到培养学生阅读书籍的兴趣的目的。

例如，《红楼梦》其实就是学生非常喜欢的一部古典文学名著，其中还有许多大伙儿熟知的经典情节。但是《红楼梦》作为一部鸿篇巨制，许多学生一时间找不着一本书阅读的切入点，会因此对进行整部书的阅读产生一定的摇摆不定的心理。因此老师可以具体指导学生将原作分为好多个章节目录，进行分次阅读，例如木石前盟内容阅读、探春理家内容阅读、香菱学诗的具体内容阅读。或是归类阅读，比如人物角色归类，就以贾宝玉为例子，贾宝玉有怡红公子的美称，学生对他十分熟悉且钟爱。老师对《红楼梦》开展解剖学，给学生做出整体规划，可单独提炼出贾宝玉的故事，例如《宝玉挨打》《宝玉摔玉》《宝黛看西厢记》等，都是和贾宝玉密切相关的生动小故事，可以帮助学生快速地融入《红楼梦》的宏大主题中，从而产生一些自己的见解和想象，对贾宝玉有更加深入的认识。以角色贾宝玉为读书的切入点，学生也会主动阅读大量相关的具体内容，例如"宝玉挨打"是因为什么，其结果又如何，使学生对一本书产生好奇心。为了把情节补足，学生会独立来完成整部书的阅读。最后，完成整本书阅读对学生来说可能是一次精神之旅。因此，教师需要了解读一本书对学生整体发展的重要性，探索合适的教学策略来引导学生，提高语文阅读教育的质量，进而提高学生的文化素养，为提高学生整体素质打下良好的基础。

提高学生的基本素养是一个循序渐进的过程，不可能一蹴而就。在读书活动中，要参照高校的综合评价机制，即重视课堂表现的作用。

例如，教师应逐步引导学生深入阅读，延长活动时间。在阅读的每个阶段，充分组织学生进行多组讨论，展示小组结果，并提供综合评论，引导学生进入下一阶段的阅读，最终完成阅读全书的任务。任务完成后，根据各组的表现和组内学生的个人表现，由教师对每个学生的表现进行最终评价。

早在1941年叶圣陶先生就明确提出"把整本书作主体，把单篇短章作辅佐"的主张。语文课程标准也要求，"多读书，好读书，读好书，读整本的书"。2017年高中语文新课程标准更是将"整本书阅读与研讨"作为18个学习任务群之一。新高考评价体系中的"一核四层四翼"："一核"即"立德树人、服务选才、引导教学"，"四层"即"核心价值、学科素养、关键能力、必备知识"，"四翼"即"基础性、综合性、应用性、创新性"，整本书阅读研读充分演绎了这一体系。新高考评价下的部编教材在高中必修课本必修上、下册中都设置了整本书阅读单元，再次将阅读整本书提升到课程化的高度。

第二节　高中语文整本书阅读教学价值

引领学生共读一本书，就是在他们的生命中播下了一粒粒最美妙的种子，那是文化的种子、语言的种子、审美的种子、思想的种子……这些种子里有强烈的信仰，有优秀的文化，我们有理由相信，会有奇迹发生！

一、高中语文整本书阅读教学促进学生成长

整本书阅读是学生适应社会发展和满足终身发展需求的重要手段。通常而言，高中学生疲于应付高中课程学习，往往会陷入刷题应试的状态，且阅读呈现出网络碎片化、娱乐化等特征，未能对整本书进行有效阅读。这不仅不利于学生语文核心素养和阅读能力的发展，还不利于学生养成良好的阅读习惯。

同时，语文教师在阅读指导中，侧重于答题技巧的传授，且所选参考文章多以单篇文章为主，使得学生难以在阅读中形成整体感知能力，并不利于学生阅读能力和思维品质的提高。相比网络阅读的碎片化、随意性等，整本书阅读可以带给学生更加全面、深刻的阅读体会，不仅有利于学生思维的发展，还有利于学生文化素养与品位的提升。不仅如此，整本书阅读属于课外阅读的范畴，但与课外阅读有着本质的区别，原因在于整本书阅读不是放任学生自由随意阅读，而是要选择合适的书籍进行全面的阅读，广泛地讨论与交流。在此过程中，语文教育者需要主动承担起组织者、指导者的责任，引导高中生高质高效地完成整本书阅读活动。

除此之外，随着新课改工作的持续深入，语文专业领域的各类考核中明显

增加了阅读量，这对学生阅读能力提出了更高的要求。而整本书阅读在培养学生阅读能力和语文素养方面发挥着重要的促进作用，进而使得整本书阅读具有了更加突出的现实作用。

二、高中语文整本书阅读教学激活学生兴趣

高中语文教学中整本书阅读能够最大限度地激发学生的阅读兴趣。在相当一部分学生的眼中，语文知识本身及其学习过程毫无乐趣，如果只坚持传统的教学模式，学生只会在教师的要求下对语文相关知识点进行硬性记忆，这样的授课模式无法让学生达成对语文知识灵活运用的目的。

在高中语文教学过程中，涉及到一些长篇小说和学术性著作。但是，学生课业紧张，很难空出充足的时间进行长篇小说的阅读；对于晦涩难懂的学术性著作，又没有阅读兴趣。在这种情况下，只有引导学生进行整本书阅读，让学生体会到整本书阅读的好处，才能够激发学生的阅读兴趣，让学生积极主动地投入到整本书的阅读当中，实现语文核心素养的提升。

三、高中语文整本书阅读教学提高阅读速度，加快知识积累

在整个高中学习生涯中，学生以应试知识的学习为主，并没有进行大量的课外阅读。在这种情况下，绝大多数学生的阅读效率也不会很高。只有采取合理的教学策略，激发学生的阅读兴趣，并将阅读内容以一种生活化的方式呈现出来，加深学生对文章思路的理解，才能够最大限度地加快学生的阅读速度，提高学生的阅读效率，并将书本中涉及的知识点转换成学生的能力，使学生的语文知识得到积累。通过采取整本书阅读这一方式，将会让学生的语文知识得到积累，具体表现为：通过此种阅读活动，学生能够对书中的优美语句加以借鉴和学习，并在日后的作文写作练习中将之运用进去。同时，一本优秀的文学读物，其思想内涵必然是深厚的，学生对全书进行阅读的过程，实际上亦是学生精神受到优秀读物熏陶的过程，可以让学生形成正确的三观，明白和领会为人处世的道理，使学生自身的人文素养得到强化，并且使学生养成受益终身的阅读习惯。

很多学生在读完一本书之后大都不会产生深刻的思考。其实，这只是一种表面化的阅读，并没有对文章中的深层含义进行理解。这样的阅读质量是非常

低的。要想改善这一现象，就必须要引导学生采取合适的阅读策略，让学生一边阅读一边思考，从而既可以加深学生对阅读内容的理解，又可以实现学生思维能力的发展。

四、高中语文整本书阅读教学拓宽思维视野、提升理解表达能力

高中阶段的学生，已经具备一定的阅读能力与经验。通过整本书阅读教学的开展，能够提升学生的综合能力。拓宽学生的思维与视野，就是开展整本书阅读教学的主要价值之一。高中阶段的学习任务繁重，学生很少有时间与精力展开课外阅读。然而教师阅读可以为学生提供丰富的阅读机会与途径，并且推荐合适的书籍与方法，展开有效指导。这样就可以培养学生良好的兴趣与习惯，在潜移默化中带领学生喜欢上阅读。任何一门语言知识的学习，都建立在高效的理解与表达基础之上，才能挖掘背后的真正价值与内涵。而高中语文整本书阅读教学，会为学生推荐不同类型、内容、题材的经典读物，在兴趣激发中，让学生接触更多的信息内容。比如作者经历、写作背景、优秀语句、表达技巧等，都值得高中学生借鉴与学习，然后将其运用在写作、阅读、表达中，收获更多的知识与技能。此外，从借鉴到运用，可以使学生获得质的飞跃与成长，在无形中提高自身的理解与表达能力。

五、高中语文整本书阅读教学促使学生获得全面发展

经典的书籍，不仅在于其语言表达十分优秀，还在于其流露出深刻的价值与情感，能够引发人们思考与认知。因此通过高中语文整本书阅读教学的开展，可以让学生对作者的人生经历、写作背景等有一个初步了解，然后去感悟文本的语言、人物特征、故事情节、思想情感等，与作者和人物进行心灵与情感上的互动交流。还可以带领学生走进故事情节中，去思考、聆听、感悟、赏析，挖掘作者流露的思想情感以及渗透的价值观念，并与同学、教师进行互动交流，分享探究，展开深刻的思考与分析。将其优秀的部分灵活地运用在学习中，结合其思想情感进行人生的反思，进而在量的积累中实现质的飞跃。

高中教育阶段是学生形成正确思想道德观念的关键时期，此时不仅要对学生进行教材教学，还要对学生进行整本书阅读教学，让学生从阅读中受到启发，从而提升学生的学习能力。高中阶段学生的各方面都有差异，有的学生根

本不喜欢学习。为了让学生能够喜欢上学习，教师首先要利用多种方式来让学生对阅读感兴趣，进而才能够主动地进行知识学习。学生通过整本书阅读可以学习到更多教材上没有的知识，并且还能促进学生语文综合素养的提升。高中生在语文学习的过程中，最常见的学习方法就是以教材为主进行相关习题的练习，这样学生在了解知识时会受到约束，也不利于学生语文思维的发散。而通过整本书阅读可以让学生对书籍的整体内涵有所思考，还可以让学生形成良好的阅读思维，能够促进学生阅读素养的提升。从近些年来语文作文考试题目的多样性来看，让学生进行整本书阅读是非常必要的。教师要引导学生选择合适的书籍进行阅读，让学生读懂整本书，进而增加学生的知识储备量。

第三章 高中语文整本书阅读教学指导策略

第一节 高中语文整本书导读策略

　　最好的阅读方式应该是书籍、教师、学生的多向对话。在共读对话中，教师的重要任务是导读，而且是和学生们一起研读。就像哲学大师卡缪所说，请不要走在我的前面，因为我不喜欢去跟随；请不要走在我的后面，因为我不爱充领导；我只期望请你与我同行。

一、为学生推荐优质书籍

　　在高中语文阅读教学中，教师要想引导学生进行整本书阅读，需要对学生的现有语文水平进行分析，结合学生的实际情况为学生推荐一些优质书籍。首先，与小学、初中阶段的学生相比，高中学生已经积累了一定的生活经历，身心发展也相对成熟，所以教师可以专门推荐一些有利于塑造学生人生观、世界观的书籍。

　　例如，教师可以组织开展一场"品读经典著作，弘扬传统文化"的主题阅读活动，让学生在一段时间内完成《世说新语》《西游记》《菜根谭》等古代经典著作的阅读。其次，教师可以在日常教学过程中，向学生推荐与教学相关的课外阅读书籍，引导学生了解更多的课外知识。例如，当完成《沁园春·长沙》的教学之后，教师就可以让学生在课下阅读《毛泽东诗词鉴赏》《毛泽东自传》等书籍，让学生随着老一辈中国共产党人的人生经历了解革命历程，进而使学生形成崇高的爱国情怀和革命精神。最后，在学生完成阅读之后，教师还要引导学生积极分享自己的阅读心得，在加深学生对书籍印象的同时，从中获得成就感。例如，在完成"从先秦到南北朝诗歌"的教学之后，教师就可以让学生在课余时间完成傅斯年《诗经讲义稿》的阅读、程俊英《诗经注析》的阅读以及蒋勋《蒋勋说文学：从〈诗经〉到陶渊明》的阅读，让学生了解不同名人对《诗经》的理解，进而提炼出自己的见解和观点。

在对学生进行整本书阅读教学时最重要的就是书籍的选择。教师在为学生选择书籍时要考虑到学生的理解能力，较复杂的书籍可能会让学生失去阅读的兴致，而过于简单的书籍又不会让学生有更多的收获。对学生进行阅读教学是为了让学生受到文章的启发进而产生感悟，所以一本恰当的书籍对学生来说是非常重要的。在刚开始对学生进行整本书阅读教学时，教师可以选择一些篇幅较短、结构较清晰的书籍，让学生在阅读的过程中能够快速且准确地了解到文章的内涵。然后教师要适当地为学生增加一些难度，选择一些篇幅较长、对学生的思维逻辑有较高要求的书籍，让学生在阅读时可以对书籍中的人物情感进行思考，进而能够感悟到更深层次的情感表达。

二、做好充足的准备工作

在高中语文阅读教学中，教师要想引导学生进行整本书阅读，就需要做好充足的准备工作，加强对学生的引导。首先，教师需要对文章的主要内容、中心思想以及重难点进行梳理，并将其体现到实际教学过程中，借助恰当的教学时机，对学生进行引导性提问。其次，教师要组织学生围绕文章进行小组讨论，并重点激发学生参与小组讨论的积极性，加强对学生讨论时间与讨论范围的把握，确保既可以将有限的课堂教学时间利用起来，又可以让学生对文章内容产生自己的思考。只有这样，才能够帮助学生养成良好的阅读习惯，提高整本书阅读质量。

例如，针对《巴黎圣母院》的教学，教师就可以在正式开始教学之前进行如下的准备工作。首先，让学生对教材中这一文章的内容进行深入阅读，并分享自己的理解和见解，引导学生了解这一文章的亮点，激发学生对整本书的阅读兴趣。其次，教师还要设置一系列的引导式问题，让学生积极参与到整本书阅读当中。并让学生在完成阅读之后，分享自己的读后感。最后，教师还可以让学生分享自己从书中感受到的"巴黎圣母院"这座建筑的美，然后再针对"巴黎圣母院被烧毁"这一新闻事件展开讨论和交流，从而激发出学生对文化遗产的保护意识。

三、对教学模式进行创新

在高中语文阅读教学中，教师要想引导学生进行整本书阅读，需要对教学模式进行创新，并以此来激发学生参与整本书阅读的激情与热情。

例如，针对《老人与海》的教学，教师就可以提前通过网络进行对作者海明威资料的搜集，并将其制作成电子课件。这样，可以让学生直观地了解到作者海明威的生平经历和书籍的创作背景。其次，教师要根据作者海明威的生平经历，再列举一些生活化的案例，引起学生的同理心，从而加深学生对文章的理解。这样一来，学生在学完教材中的片段之后，就会对整本书阅读产生浓厚的兴趣，并利用课余时间进行阅读。

再例如，针对巴金《家》的教学，教师就可以让学生在阅读之后，对小说章节起一个贴切的标题，例如"梅林深深诉衷情""兄弟痴痴伴月霜"等。这样一来，既可以对学生的语言组织能力和概括能力进行锻炼，又可以对学生进行引导，让学生将注意力转移到文章构思方面，进而为整本小说的构思理解打好基础。

四、加强同学生的互动与交流

加强同学生的互动与交流，可以激发学生的学习兴趣，提升学生的自主探究能力。首先，教师要深入到学生群体当中，对学生内心的真实想法进行了解，进行学情调查，并以此为基础对学生的阅读情况进行监督与督促。其次，教师要积极组织开展阅读心得分享活动，使学生通过分享自己的阅读心得来意识到自己的不足之处，进而进行针对性的改进。再次，教师还要引导学生在进行整本书阅读的过程中，做好读书笔记，进行写作素材的积累。最后，教师还要制定针对性的规章制度，加强对学生讨论与分享时间的把控，提升学生整本书阅读的有效性。

在高中语文阅读教学中，整本书阅读教学方法的应用具有十分重要的作用。但高中学生是独立的个体，且不同的书具有不同的特点，这要求语文教师结合学生特点，采取不同的策略开展整本书阅读活动，才能充分发挥整本书阅读教学价值，为学生阅读能力和语文素养的发展提供支持。

第二节　高中语文整本书阅读教师指导

为发挥整本书阅读对学生阅读的积极作用，语文教师可以引导学生自主阅读，以期通过学生自主阅读学习并解决各类问题，为学生整本书阅读提供支持。

一、自主阅读，提高效果

阅读是高中语文教学中的重点内容，学生通过整本书阅读，既可以锻炼提升个人的阅读能力，又可以积累丰富的写作素材，积累大量的写作技巧，还可以实现情感的升华。因此，整本书阅读在高中语文教学中具有较高的应用价值。但如何在高中语文教育实践中，充分发挥整本书阅读的应用价值，是高中语文教师在教育反思中必须深入思考的问题。

以部编版高中语文《子路、曾皙、冉有、公西华侍坐》的教学为例，语文教师可以组织学生进行《论语》整本书阅读。在此过程中，高中语文教师可以引导学生使用汉语词典，或者选择合适的参考书进行整本书阅读，促使学生深入学习阅读资料，具体是参考《说文解字》查找《论语》中出现的一些陌生字，这样不仅可以进一步丰富学生的词汇量，还可以使得学生通过阅读《论语》积累更多的素材。除此之外，在《论语》整本书阅读时，语文教师还可以引导学生写阅读体会，记录下《论语》阅读中的一些感悟，使得学生在深度理解《子路、曾皙、冉有、公西华侍坐》的基础上，把握《论语》中每一篇的思想内容，以此提高学生的思想境界，并丰富学生的写作内涵与技巧，为学生阅读能力和语文素养的全面发展夯实基础。

二、因材施教，提高阅读效果

每本书都有一定的特色和特点，且不同的学生都是独立的个体，在情感修养、思想境界等方面，都存在一定的差异性。因此，在高中语文阅读教学中，为确保整本书阅读教学的有效性，语文教师应遵循因材施教、因书制宜的原则，开展有效的整本书阅读活动，才能对学生进行有效引导，为学生素养和能力的全面发展夯实基础。常见的整本书阅读方法有质疑阅读、精度和略读相结合，具体如下：

（一）质疑阅读

在整本书阅读教学中，语文教师应引导学生质疑文章，并要提出个人见解，以此培养学生的思考和提问能力。在此过程中，语文教师需要对学生的表现进行评价，并要注重及时鼓励，如此才能培养学生的质疑和提问的能力。以部编版高中语文《阿Q正传（节选）》教学为例，文章详细地介绍了阿Q遭受的惨重的剥削和压迫。学生若顺着文章的思路进行深度阅读，即可发现在落后的封建思想文化背景下，阿Q这类人已经遭受了严重的毒害。此刻，学生就会产生疑问："阿Q死了。阿Q没有碰过女人，但并不像小尼姑所咒骂的那样断子绝孙。"对于学生的质疑，语文教师可以引导学生自行思考，让学生带着问题进行《阿Q正传》整本书的阅读，激发学生整本书阅读的兴趣。

（二）精读和略读相结合

在语文整本书阅读教学中，精度和略读相结合，可以起到良好的阅读效果。以部编版第七单元整本书阅读《红楼梦》教学为例，《红楼梦》故事性强，且具有容量大的特点。学生可以采取略读的方式，在快速理解和掌握人物性格和写作手法的基础上，对《红楼梦》整本书有一个整体的印象。同时，《红楼梦》中有文辞优美、寓意深刻的目录和对联，语文教师应引导学生精读，以此进一步提升学生的文化水平和思想境界。

三、阅读步骤指导

我们结合学科特点创造了整本书阅读的"导读——推进——延伸"三步曲的模式，使阅读指导能更好地适应学生的阅读需求和精神成长。

第一步：导读，开启学生的阅读期待。

阅读期待是一种迫切求知的心理状态，是通过悬念的制造、情境的创设等，激起学生体验和探究的欲望。阅读期待对于激发学生的阅读热情，培养学生良好的阅读情趣有着重要的意义。

比如引导学生进行《乡土中国》整本书阅读：《乡土中国》成书于20世纪

四十年代后期，是费孝通先生研究中国基层传统社会——农村的经典著作，是费先生根据自己讲授的"乡村社会学"课程写成的，理论性比较强；高一学生阅读此书有一定的难度。在实际操作中，我们提前运用《读书》《朗读者》等音频资料对本书进行解读，激发学生的阅读兴趣。

导读部分充分利用学生的阅读期待：或从书中选取一个美好的场景、几个鲜明的形象，或介绍作者和相关书评，或以书中精彩的内容、情节，或用书中的插图、故事里出现的音乐等，激起学生对新书阅读的关注，形成一种阅读期待。老师要适时参与阅读引领，把握好学生的阅读契机。

第二步：推进。这是阅读中的重要环节。我们旨在探索"整本书"阅读指导课的各种形式。

一是读书指导课。在指导课中，潜移默化地进行对读书方法的指导，培养学生的语言表达能力、想象能力，使学生形成初步的鉴赏能力，同时激发他们读整本书的欲望。充分发挥整个语文组的智慧，群策群力探讨阅读方式、阅读成效检测方法。

二是读书交流课。读书交流课能拓宽学生阅读的视角，能延伸学生阅读的深度。让学生在交流中获取新知，在交流中进行思维的碰撞。交流可以是分章节的讨论，也可以是通读全书后对若干小主题的讨论。此时的讨论，需要带着一定的指向性。教师要做好引领，提出一些重要话题，让学生带着话题进行阅读、对话。

在阅读《乡土中国》后，根据学生写的感悟，我们举办了诗歌朗诵比赛和"报效祖国"演讲比赛，学生们通过活动交流了思想，提高了认识。

有了《乡土中国》的实践，必修下册《红楼梦》的整本阅读就比较容易推进了，我们可以从故事情节、人物形象、语言风格、文学意蕴等方面展开。书中的经典段落形象地刻画出角色形象，反映出角色的内心情感和精神内涵，让学生有感情地诵读描写主人公的主要段落，并引导他们进行交流，谈对角色的印象。

三是读书欣赏课。对整本书中的优秀片段、章节进行鉴赏，培养学生对文学作品的鉴赏能力。在诵读与交流中，学生不断丰富角色形象，感悟到书中深厚的精神内涵。在此基础上，再让学生给喜爱的角色写颁奖词，来呈现他们对角色和内涵的理解，让他们在写话中提升阅读品质。这样的阅读推进，学生不但能理清困惑、深化理解，还能分享快乐、分享经验，使阅读走向深入。

第三步：延伸。一本书读完，并不意味着阅读的结束。相反，在推进部分结束时，学生由于观点的碰撞、心得的交流而获得的阅读体验正激起新一轮"波峰"。此时，应把握这一时机，巧妙整合资源，进行拓展延伸，顺势将阅读活动引向更为广阔的时空，深化学生读书感受。学生可以撰写读后感，互相交流读后感悟；可以排演舞台剧，如读完《林黛玉进贾府》之后演绎精彩片段，学生会有更深的感同身受；可以进行延伸的写作活动，模仿书中的作者用假想收信人的方式倾诉自己的心声……总之，只要巧妙安排，延伸活动能使学生对书中的情节、人物、内涵的了解更深入全面，感受更具体。

四、难度分级展开阅读，融入环境提升能力

教师在选择高中语文阅读材料的同时，也应该充分考虑学生是否能够读懂阅读文章，因此在事先选择语文阅读材料时，教师需要对不同学生的高中语文阅读水平有充分的了解和认识。在选择阅读材料时，教师要先进行阅读，在众多阅读材料中选出最适合学生阅读、最符合当前阶段高中学生语文阅读水平的语文阅读材料。之后，教师可以将阅读材料划分为不同难度等级，将较高难度等级的阅读材料分给班级里语文水平较高的学生，将适中难度的阅读材料分给班级里语文水平中等的学生，将较低难度等级的阅读材料分给班级里语文水平较差的学生。不同难度等级的材料划分能够帮助学生更加轻松地融入阅读环境，在潜移默化中提高学生语文学习水平，从而确保学生能够通过整本书阅读提升自身语文阅读能力。高中时期的学生虽然在语文方面已经拥有一定的基础，但如果想有效提高语文学习能力，仍旧需要积极投入学习。

教师应该灵活创设教学情境，加强学生的语文学习体验，吸引学生的兴趣和注意力，提高学生的自主学习能力。教师应该尽可能地将高中语文书中内容和实际生活相联系，实现对学习内容更加深入的感知。以黑布林系列丛书为例，黑布林系列丛书设计了丰富的内容形式，故事主题多样，不仅包括科幻题材、侦探题材，也包括幽默趣味以及冒险题材等。

五、带领学生对阅读素材进行深度阅读

很多学生在整本书阅读的过程中，存在着点到为止、走马观花的状况，虽

然读完了整本书，但是对于该书的了解非常表面化，甚至读过就忘记了人物、情节，也不了解作品的主题。这是因为学生没有进行深度阅读。所谓的深度阅读，就是对阅读素材的内容进行深入发掘，从而洞悉作者的创作深意。高中语文教师应当在阅读课堂中组织学生对课文进行深度阅读，并且在每次阅读之后，组织班级学生进行讨论和交流，使每个学生都可以发表自己的见解，每个学生也可以对其他同学的见解加以评价，如此将会使学生的阅读理解水平得到增进。

如阅读《悲惨世界》时设计的相关问题：这本书的主要故事情节是什么？反映什么主题？作者善于细节描写，细节分布在哪些章节里？如何用自己的语言评价这本书？学生带着问题随着主人公一起经历灵魂的挣扎和成长，体味人世的悲惨和希望，不仅可以对阅读效果进行自我检查，还能深化学生对小说人物的理解和同情。从而让学生领会到雨果融入于《悲惨世界》这部作品当中的人文思考，这些思考包括灵魂与救赎、革命与暴力、贫穷与愚昧、法律与道德等内容。对这些内容的剖析与解读，将会让学生从中感受到雨果厚重的人文情怀，并由此强化学生的阅读体验。

六、善用图示梳理，提升阅读素养

书本往往蕴含着作者的思想和情感，教师在带领学生进行整本书阅读时，不仅要丰富学生的阅读内容，还要提高学生的阅读素养。为了真正提高学生的阅读能力，教师可以充分运用图示梳理法，让学生基于思维导图，构建一个清晰的阅读过程，从而加深学生对文本的理解，使学生能够在阅读的过程中完成知识积累，并且养成良好的阅读习惯。

为了让学生在整本书阅读过程中有所成长，高效阅读是必要的。在阅读引导过程中，教师要考虑学生的特点，根据学生的年龄特征制定一系列的阅读活动，抓住学生的好奇心，吸引学生的注意力，以此来提升学生的阅读效果，保证良好的阅读课堂氛围。在实际教学过程中，教师可以利用猜字谜或者设疑方式，来调动学生的好奇心。当学生有了好奇心之后，教师再次建立起相关的联系，来帮助学生进行整本书阅读。

七、个性化定制内容任务，合理化安排阅读时间

基于整本书阅读的高中语文阅读教学需要学生课上课下日积月累的学习，

教师应该积极引导每一个学生进行自主学习和积累阅读材料知识，从而有效提高语文学习水平。教师可以通过分层教学活动，充分运用学生的课下时间，从每个学生的实际学习水平和能力出发，为他们安排难易不同的高中语文教学任务。开展整本书阅读，教师应该充分掌握语文教学内容，提高教学效果。

例如在指导《白鹿原》的整本书时，教师可以先让学生看一些白鹿原影视剧的片段，然后再看影视剧与小说的差异，之后再通过整本书阅读探索差异，以及了解小说所要表达的真正思想与内涵。在整个教学活动完成后，同学们可以将自己所学内容以课堂笔记的方式记录下来，不断巩固学习到的知识内容，增强自身的情感体验，降低高中语文学习难度，提高高中语文学习热情。在阅读过程中学生经常会出现阅读后面就忘记前面的问题，需要另外花费时间重新阅读，有的学生及时记住了文章整体内容，但却主次不分，缺乏全局意识。因此，教师基于整本书阅读开展高中语文阅读时，需要提高学生的全局意识，让学生把握阅读材料的主体。

第四章　高中语文整本书阅读教学推进路径

第一节　高中语文整本书突破阅读思维封锁

　　高中语文教师在教学中引导学生进行整本书的阅读，是希望学生养成良好的阅读习惯，能够在阅读中形成语文学习的动力，不断积累阅读知识，填充自己的阅读世界，进而提升学生的语文素养，促进学生的综合发展。

一、突破生活的封锁——唤起学生对整本书阅读的意识

　　高中语文教师在教学中引导学生进行整本书的阅读，可以通过突破生活的封锁来唤起学生整本书阅读的意识。教师引导学生突破生活的封锁，让学生联系生活来理解阅读，有助于唤起学生整本书阅读的意识，使学生走进阅读，拥有耐心阅读的能力。学生在生活背景中，对阅读中的知识点进行了讨论，加入了自己的理解，分享了自己的想法，让阅读更加贴近自己的生活，使得学生不再认为阅读是虚无缥缈的，而是能够正视阅读并在阅读中成长。

　　在阅读《乡土中国》的时候，笔者为了使学生理解中国乡土社会的概念，了解中国乡土社会的特点，组织在农村生活过的学生来谈乡土生活的特点。其中一位学生分享了自己过年的经历，要不停地拜访亲戚和邻居，表达自己对他们的关心和敬意。小时候的他并不喜欢这些，但是随着年龄的增长，见识增多，他开始理解这样的做法，认为那是传承尊老爱幼美德的具体体现，是人们维系情感的纽带，能凸显春节的作用。该学生的发言获得了大家的支持，使学生对乡村文化产生了进一步探索的兴趣。笔者便鼓励学生阅读《乡土中国》这本书，让学生看一看作者费孝通刻画了怎样的乡土社会。学生在阅读中，找到了《乡土中国》的精髓，深化了对书本的理解。

二、突破情境的封锁——加深学生对整本书阅读的印象

　　高中语文教师在教学中引导学生进行整本书的阅读，可以通过突破情境的封锁来加深学生对整本书阅读的印象。教师引导学生突破情境的封锁，有助于深化学生的印象，让学生了解整本书的内容和主旨，拉近学生与作者的距离，使学生能够与作者形成情感上的共鸣。学生在情境中，对阅读中所描写的场景有了直观的认识，感受到了阅读的快乐，能够丰富自己的想象力，理解作者的情感与创作用意，加深了对阅读的印象。

　　在阅读《乡土中国》的"差序格局"这部分内容时，部分学生难以理解由亲缘关系和地缘关系形成的次序关系。笔者便借助幻灯片课件向学生展示了某大家族的关系谱，让学生理解每个人是怎样作为圈子的中心，又是怎样与他人发生联系的。学生在幻灯片课件中，意识到关系越亲近，得到的助力就越大，特别是父母，带给我们的帮助更是无私的。这样由亲情浇筑而成的脉络线，将大家凝聚在一起，在无风无浪的生活里感受不出来，但是一旦遇到难题，差序格局的优势就会凸显出来，构成独特的乡土魅力。学生在幻灯片课件的辅助下，理解了差序格局，知道了差序格局的形成离不开乡土基础，深化了对《乡土中国》的印象。

三、突破实践的封锁——增强学生对整本书阅读的能力

　　高中语文教师在教学中引导学生进行整本书的阅读，可以通过突破实践的封锁来增强学生整本书阅读的能力。教师引导学生突破实践的封锁，督促学生围绕阅读展开实践，有助于学生掌握阅读技能，在实践中总结新的教学经验，打开阅读的广阔天地。学生在实践中，将课堂所学的阅读知识进行了应用，找到了阅读的自信心，了解了自己在阅读中需要更进一步的地方，形成了主动参与的意识，抓住了阅读的尾巴。

　　在阅读《红楼梦》的时候，笔者为了使学生了解贾宝玉、薛宝钗、林黛玉三人的性格特征，提升学生的阅读实践能力，在教学中将学生分成了不同的组，并为学生设置了实践任务，让学生挑选能够体现三人性格特点的情节，以表演的形式展示出来。学生分组后，围绕表演进行了讨论，投票确定了表演的内容。其中一组学生选取了林黛玉教香菱学诗的情节，展示了黛玉坦率真诚的

一面，让大家对黛玉的认识更加全面。学生在表演中，熟悉了书本的内容，知道了作者是怎样借助语言和动作来凸显人物性格的，感受到了作品的精彩之处，有了继续阅读整本书的动力。

通过突破生活的封锁、情境的封锁、实践的封锁，笔者唤起了学生整本书阅读的意识，加深了学生对整本书阅读的印象，增强了学生整本书阅读的能力。学生在阅读整本书的过程中，形成了认真阅读的态度，了解了阅读的积极作用，能够融入阅读中感受书本的思想精华，用阅读获得的知识来武装自己，提升自己的综合素养。

第二节　高中语文整本书阅读优质发展路径

整本书阅读优质发展路径，是促进整本书阅读可持续发展的关键，也是让学生从整本书阅读中获得发展的有效路径。

一、营造良好的阅读环境

教师在对学生进行整本书阅读教学时，要综合学生的学习需要及兴趣进行，从而能够让学生产生阅读的兴趣。高中阶段的学生在学习过程中很容易受到外界的影响，因此教师在教学过程中要根据学生的情况利用多种教学方式来吸引学生的注意力，进而避免让学生受到外界环境的影响。语文教师要向学生明确整本书阅读的意义，并且要为学生营造良好的阅读环境。

在为学生创造良好阅读环境时，教师可以在班级内放置图书角，让学生在课后可以找自己感兴趣的书进行阅读，从而能够引发学生的阅读兴趣。还可以举办一些读书会，让学生将自己认为比较好的段落进行分享，从而能够让学生更加喜欢阅读。通过多种与阅读有关的活动可以使学生养成正确的阅读习惯，而且还能够促进学生形成自主阅读意识。高中生常常忙于其他方面的学习，对阅读的理解不是很透彻，所以教师要通过多样的形式来增强学生的阅读欲望，让学生在阅读过程中不断提升自己的语文综合能力。

二、增强学生的阅读意识

高中生的学习压力较大，因此教师在进行语文教学时要将阅读意识渗透进去，让学生在学习的过程中主动产生阅读兴趣。教师进行阅读教学要从多方面进行，首先是根据学生的阅读偏好，其次是根据学生对阅读的理解，最后是扩展学生的阅读方向。通过这几种方法让学生逐渐形成良好的阅读意识，进而使学生能够感受到阅读的重要性。而且高中生的自控力比较差，他们在阅读过程中不能够长时间地投入进去，所以语文教师要增强学生的阅读意识，让学生能够专注地进行阅读，进而促进学生形成正确的阅读习惯。

例如，在学生进行了《林黛玉进贾府》一课的学习后，为了让学生对林黛玉在贾府经过的事有更加充分的了解，教师可以引导学生进行四大名著之一《红楼梦》的阅读，但是由于《红楼梦》是文言文，因此导致学生在阅读的过程中总是因为难以理解而放弃阅读，所以教师要为学生选择带有详细注释的版本，进而使学生能够通过注释继续阅读。这样既可以让学生产生阅读兴趣，还能够增加学生的阅读意识与自信心。

三、读、思、写、练融为一体

引导学生在阅读的过程中随时记录一些心得或思考，让学生学会"用笔阅读"，对现象和事物中出现的问题提出质疑，进行分析和推理后作出合理的价值判断。还可以选取经典作品中的一些片段作为文学类文本阅读题目，《红楼梦》中的黛玉进贾府、《边城》中翠翠和傩送初次相遇等重点片段皆可被编入试题。作文训练题也可有意识地直接对接整本书，如布置作文题目"孔子来到我们学校的一节课"，引导学生密切联系《论语》一书写出先贤的现实意义。这一指导策略在于能够使文化经典的时代价值和意义等都在读、思、写、练中得到体现。

四、开设策略指导课程，加强学生的阅读技巧

阅读技巧指的是学生在阅读时使用的方法和手段。如果学生能够正确运用技巧和方法，就能增强自主获取信息的能力，提高阅读水平。在整本书阅读教学中，教师可以开设策略指导课程，为学生传授不同文本的阅读技巧，让他们

能够在日后的学习中正确使用技巧展开阅读活动。在以往的阅读教学中，教师过度重视自己的教学地位，以讲解的方式让学生掌握文本内容和主题思想，忽视了培养学生"以渔寻鱼"的能力。在传统的阅读模式下，学生没有掌握必要的阅读技巧，无法灵活使用不同的技巧应对不同的文本，整本书阅读能力自然无法得到明显提升。

对此，为了培养学生自主获取知识的能力，在整本书阅读的教学中，教师可以将策略指导作为教学重点，以专门课程的形式为学生展示和讲解不同类型文本的阅读方法和技巧，让他们在课程中锻炼技巧，进而在实际的整本书阅读中运用与文本形式相统一的技巧完成高质量的阅读任务。在这种情况下，学生自主获取知识的能力就会得到增强。

五、创建深度阅读小组，提高学生的思维能力

思维能力是高中语文教育中的重点培养目标，也是新课标对学生发展的根本要求，如果教师能够以提高学生思维能力作为教学的出发点，整本书阅读教学就会向着更高层次迈进。教师可以通过创建深度阅读小组的方式，要求小组成员以项目化学习的形式展开整本书阅读活动，让他们能够在深度探究、合作分析的学习环节中提高自己的思维能力。纵观目前的高中语文教学整体情况，教师在开展整本书阅读教学时，将其单纯视为课外拓展阅读，没有将其作为教学指导的重点内容，自然也就没有在班级内成立合作阅读小组。在这样的教学环境中，学生很难实现深度探究和阅读的目标，其思维能力的成长速度也十分缓慢。

因此，为了使高中生在阅读中实现思维的高速发展，教师可以在班级内创建以深度阅读为目标的合作小组，让处于不同思维层次的学生成为一个小组的组员，为他们提供整本书阅读的项目目标和任务，引导同组成员根据阅读目标和主题展开项目阅读活动，促使他们在自主阅读、整合素材、合作讨论等环节中实现多元思维的碰撞，由此，学生的思维能力就会得到提高。

第五章　高中生语文整本书阅读能力培养方法

第一节　高中语文整本书阅读能力培养追求

在整本书阅读活动中，教师应如何创设丰富的言语实践活动，引导学习者在多样的学习活动中学会综合运用语言文字，丰富自身阅读素养，让语文综合能力得到发展，这一点尤其重要。

一、腹有诗书，做好阅读准备

在高中语文教学中开展整本书阅读教学，教师应当在课程开始之前就做好准备，对即将开展教学的书本进行详细地阅读和分析，对当前学生们学习中的困境进行一定的了解，提高自身的知识储备，以便更加从容地应对学生们在学习过程中遇到的问题。教师在阅读中也能够陶冶自身的情操，提升自身的文化修养和气质内涵。这样一来，在教育教学中，教师可以根据自身的行为能力和个人魅力，带动学生们进行整本书的阅读和学习。在阅读中，教师应当对学生们可能遇到的问题进行猜测，有方向地进行一定的教学设计，从而更加从容地应对学生们的问题和难点。

例如在《论语》的教学导读课程中，教师应当具有一定的前瞻性，对学生们在阅读《论语》过程中所产生的疑惑或是难题有一定的猜测，并且做好为其解答和引导其进行探索思考的准备。那么在教育教学开展之前，教师首先应当注重提升自身的教学能力，对《论语》进行一定的了解和学习。教师首先应当保证自身对《论语》的理解能力，真正地在阅读中直面这些问题，才有可能在之后的教学中快速地了解到学生们的学习难点在哪里，并且有方向有方法地帮助学生们进行相应的学习和理解。在实际教学中，教师不仅需要对《论语》进行反复的阅读和学习，更要通过学到的东西，灵活地展开授课，进行更为丰富有趣的引导，从而真正发挥出《论语》的教育作用和意义。

二、设置悬念，调动阅读兴趣

在高中语文阅读教学中，调动起学生们的阅读兴趣，让学生们在阅读中自主地开展学习，一方面能够有效地激发学生们的学习兴趣，另一方面，也能够引导学生们在阅读中积极地探索与思考，从而发挥整本书阅读的作用和意义。当前教育教学中，教师应当从基本的教学内容入手，让学生们在学习中能够发挥自身的主观能动性，更好地开展当前的学习思维。教师可以在教导课内知识的时候，设置一些小问题，为整本书阅读教育做铺垫，让学生们在学习中，对书本的阅读有所探究。给整本书的阅读营造一些悬念，也就能够让学生们在阅读的过程中更加有方向和针对性。

例如在学习文章《林教头风雪山神庙》的时候，教师必然需要引入《水浒传》，进行相关的扩展，让学生们在学习课内文章之余，进行课外的扩展理解，那么如何激发学生们的阅读积极性，调动其阅读兴趣，就成了一个十分重要的问题。教师可以在教学过程中设置一些小问题、小悬念，让学生们在阅读中，对文章中的人物有更多的探索欲，由此引导学生们进行整本书的阅读和学习，不断地激发学生们的综合潜力和学习兴趣。

三、多元评价，强化阅读效果

教师对待学生们的能力的态度，对学生有极为重要的影响作用。当前教育教学中，教师应当开展多元化的教学评价，强化当前的阅读教学效果，让学生们在实际的教学中更加积极主动地进行相应的学习活动。开展多元化的评价方式，教师应当让学生们首先对整本书阅读教学活动开展的意义和作用有所领悟，从而更好地对学生们进行引导和启发。当前教育中，很多学生之所以觉得自己非常被动，是因为教师很多时候仅仅是将下一步的学习计划和方式简单地传达了出来，并没有说清楚其中的道理。因此，在教育教学中，教师也应当采用多元化的评价方式，培养学生们的阅读意识，从而强化学生们的阅读效果。

例如在学习《红楼梦》的时候，很多学生在阅读中会遇到一些问题，感觉这本书没有想象中那么高深，不过是一些关于人物的衣食住行。产生这样的想法是因为学生们本身的理解能力和认知水平还尚未达到《红楼梦》的学习要求。因此在教育教学过程中，教师首先应当引导学生们形成更加深层次的阅读意识，让学生们在阅读中形成良好的阅读习惯，对文学名著进行反复的阅读，从而使学生获取不同的感悟和理解。在教育教学中，教师应当根据学生们的实际情况作出相应的评价，同时也应当为学生们找到更加合适的阅读方式，引导学生们更加高效地阅读，强化其阅读效果。

第二节　高中语文整本书阅读生态重构

整本书阅读是一种符合语文学科特性、基于真实阅读语境、具有优秀传统的生态阅读方式。从语文学科独立以来，历次的课程标准大多都提及了对整本书阅读的要求，直至2017版"整本书阅读与研讨"学习任务群在语文课程中落地。新课标明确提出："语文课程是一门学习语言文字运用的综合性和实践性的学科"和"阅读是运用语言文字获取信息，认识世界，发展思维，获得审美体验的重要途径"。

一、生态重构，形成有效认知

整本书阅读突破了单篇阅读碎片化、浅层化阅读的局限，为师生的活动提供了一个相对完整的生态文化场，赋予了学习者精神成长的养分。但由于阅读容量大、时间跨度长，学习者对作品的阅读热情不够高。因此，教师需要采取生态重构的策略才能让学习者对作品形成有效的认知。

生态重构，即内容重构，是指阅读主体基于进一步研究的目的，在通读全书后，从作品中提取与任务相关的重要信息，按照新形式重新组合并呈现和构建客观完整认识的阅读策略。例如，在《苏东坡传》阅读活动中，让学习者用思维导图的形式整合苏东坡的人生事迹，可以选择以时间推移为线，可以选择以地点转变为线，可以选择以官宦生涯为线。又如在《平凡的世界》阅读活动中，让学习者用思维导图的形式绘制孙、田、金三个家族的人物关系图，快速理清人物错综复杂的关系。再如，在《老人与海》阅读活动中，让学习者用思维导图绘制老渔夫圣地亚哥在海上捕鱼的经历，特别是在制服大鱼后返回舫中与鲨鱼进行惊险搏斗的过程，真切地感受海明威笔下的"硬汉"形象。

通过图文转换的内容重构生态活动，可以让学习者有效地完成整本书的通读任务，更直观地再现自己对文字的理解，更鲜明地呈现人物形象和具体情境，进而在与同学的交流分享中深化理解和感悟。

二、生态融人，提高对话质量

阅读教学是学习者、教师、文本之间的多重对话，是思维碰撞和心灵交流的动态过程。由此可知，整本书阅读过程中出现的多重对话是一个多角度、多层次的对话。但学习者常常对文本的理解、感悟缺乏"纵深和横广"的认知，没有着实促成与文本的对话，没有宏观地把握住文本内在意蕴。因此，教师采用再现还原的生态融入策略能带领学习者走进文本，融入文本，感悟文本，诠释文本。

生态融入是指创设多种真实的活动情景帮助学习者穿越时空，身临其境，进入文本的具体场景中，品读人物的内心世界。例如，在《平凡的世界》阅读活动中，要求学习者在认真阅读完整本书后，穿越历史，再现还原，以"与书"为题写一封信。你可以以孙少平的身份给田晓霞写一封表白信，感谢她给了自己一份走向精神平等及人格平等的真挚情感；你可以以孙少安的身份给田润叶写一封拒绝信，阐述自己不会选择和她在一起的原因；你可以以田晓霞的身份给孙兰香写一封鼓励信，希望她不要自卑，要学会用知识改变自己的命运……又如在《呐喊》阅读活动中，假设自己是一名记者，给书中的某一人物写一篇专访；或假设自己就是书中的某一人物，写一份申诉书。人物可以是《狂人日记》中觉醒的知识分子狂人，可以是《白光》中深受封建科举制度控制的陈士成，可以是《药》中为儿子治病的华老栓……再如在《苏东坡传》阅读活动中，让学习者自主选择一次贬谪经历为苏轼设计一个朋友圈发言，可以是因"乌台诗案"被贬谪到黄州的经历，可以是因政见不合被贬谪到惠州的经历，也可以是因新党再度执政被贬谪到儋州的经历，深入到苏东坡的心灵深处，与他同呼吸，齐经历，共患难。

这种书信体、人物专访、申诉书等的变式生态活动，能让学习者调动自己的感官，披情入文，与作品的人物对话，在文本的逡巡中形成画面，更好地融入人物的人生，理解人物并加深对文本的理解，使得学习过程不仅是对知识的加工和认知，还能产生情感的共鸣，在真实的境域中进行深度阅读与研讨。

三、生态联结，提升核心素养

每一本书都蕴藏着厚实的思想情感，折射出人生哲理、立场价值、人文信息等，让每一个读者都能从中得到学科核心素养提升的机会，这就是阅读文本的原生价值，这种价值是需要靠读者的个性化阅读才能实现的。因此，教师在指导整本书阅读时，可以灵活运用联结策略，借助生态活动设计，尊重学习者的本性化阅读，推动学习者联结思维的运作，使得新的知识和信息可以以最快的途径融入到学习者的意识状态中，实现整本书阅读的增值与生成目标，进而促进学习者的学科核心素养的提升。

生态联结就是阅读者在浩瀚的信息资源中，自主地整合、串联，找寻彼此之间的逻辑关系和内在联系，让学习者发生真切深刻的共鸣阅读。如在《呐喊》阅读活动中运用"文本内联结"策略，让学习者归纳并分析文本中的知识分子的形象，对比近代觉醒的文人和封建没落的上下层文人的异同点，探索作者塑造这些文人的意图，深入理解作品蕴藏的主题思想，在真实的探究活动中落实语言的运用和思维结构的生长。

在《苏东坡传》阅读活动中，运用"跨文本联结"策略，与宋史《苏轼传》、余秋雨《苏东坡突围》进行跨文本阅读，让学习者从不同文体、不同作家的作品中更加全面客观地认知苏轼并形成独特的见解，在整本与单篇、名家与自我的纵横对比中发展自己思维能力，加强审美的鉴赏与创造能力。在《平凡的世界》阅读活动中，运用"文本和个体生活体验联结"策略，让学习者反思现实生活中的自己最像作品中的谁，理想中的自己又最渴望变成谁，使阅读视野回归到现实生活，从而唤醒学习者的自我认知与探索，使其自觉理解与传承优秀的文化。

这种回归自然状态的联结阅读，就是回归到了温馨的阅读方式，或体验，或证实，或演绎，使阅读的触须伸向文本的"文明发祥地"，从而使整本书阅读变得更有趣味，更有价值和意义。

　　高中语文整本书阅读教学是一种符合当前时代潮流与我国国情的教育方式，极大地尊重了学生们的学习主体地位。在当前教育中，教师应当充分地尊重学生们的思维方式，以引导为主，让学生们在不断地学习和思考中提升自我。在整本书阅读教学模式下，学生们能够更加深入地提升自身的思维能力，从而增强学生们的综合学习能力。教师应当根据学生实际情况，调整教学方式，从而提高高中语文课堂教学的有效性。

第六章 高中语文整本书阅读地方化课程建设

第一节 高中语文整本书阅读地方化课程建设策略

在整本书阅读地方化校本课程开发中，我们深刻地认识到，如果教师能够根据各阶段学生的认知特点整理优秀的阅读书目，合理设计导读教程，精心安排每节课的教学环节，坚持"教阅读"的基本原则，重视发挥学生在整本书阅读活动中的主体作用，就可以十分有效地提升学生的阅读能力，让阅读习惯可以伴随学生的终身，真正让学生在阅读中受益。

一、明晰目标有方向

首先，要突出学生在整本书阅读中的主体地位，课程开发时要将课程目标定位为提升学生的阅读力，凸显学生的阅读行为。

其次，要围绕课程目标设计相呼应的阅读课型，在整本书阅读中开设导读课、深度阅读课、研讨交流课等，不同的课型再辅以不同的对策，如在导读课上创设主题阅读情境，分解阅读任务，补充整本书文学常识知识及书册的文学价值等；其次，要重视课程安排规划的合理性，教师要提早设计弹性的整本书阅读计划周期，尊重各层学生的阅读认知需求，学生根据整本书阅读活动情况填写阅读计划单，养成自觉自律的阅读习惯。

最后，本课程也要安排专门的"整本书阅读"方法指导，可以用一节课来专门介绍，也可以分解到每节课中去，总之要能够使学生学会主动总结阅读技巧，如批注法、圈画法、写读书笔记或人物小传法等，掌握有效的阅读方法，养成良好的阅读习惯。通过教师组织丰富的整本书阅读讨论活动，激发学生的阅读兴趣，使其树立终身学习意识。

二、循序渐进有章法

首先，教师指导推荐与学生自主选择相结合。在选择整本书阅读书册时，教师可以根据课程标准中推荐的经典书目确定整本书阅读主题，学生也可自主选择感兴趣的优秀文本，教师团队经过研讨之后设计整本书阅读主题。这样既能保证所选书目符合课标要求，又兼顾了学生的阅读兴趣。

其次，集体统一阅读与个体独立阅读相配合。在导读课上组织集体统一的阅读活动，由教师提供阅读背景和文学常识，创设阅读情境，形成问题链。学生在问题链的提示下完成重要章节的阅读，自主分析图书的精彩片段，通过主人公的经历明晰主人公的人物形象与性格。在课外倡导学生独立地阅读整本书其余章节，学生可根据自己的实际情况拟定阅读计划，通过阅读找出自己感兴趣或不解的地方，在交流研讨课上进行深度交流。

最后，阶梯状阅读与平面化阅读相融合。课程开发必须根据学生的实际阅读水平，有针对性地构建阅读结构，既要有适合起始水平的平面化阅读，加强阅读的宽度，也要有阶梯状阅读，由浅入深，扩展阅读的深度。根据各年龄段学生的成长特点整理整本书阅读书目，制订不同进度、不同难度、不同数量的整本书阅读计划，从易到难，通过整本书阅读实践活动引导学生养成良好的阅读习惯。

三、团队协作有后劲

要建设课程开发的教师团队，发挥教研组或备课组的合力，围绕培养学生的阅读力，课程开发团队从课前、课中、课后三个环节设计好整本书阅读清单，有机融合阅读内容、单篇阅读任务及内容摘要等项目，在课时安排、教学任务、教学过程方面形成较为成熟的开发框架。团队在使用这一框架时应及时记录和调整相关部分，为整本书阅读的校本课程开发打下良好的基础。

更要培养学生阅读小团队，发挥学生群体的主动性，落实阅读力的培养。教师按学生阅读的起始水平进行编组，将不同水平的学生编为一组，起到相互激励的作用；教师还可以通过各种各样的活动让学生分享自己的阅读成果，如召开整本书阅读小会、"我是讲书人"、读书沙龙等活动支持学生分享自己的阅读心得；再如组织学生编写课外自主阅读鉴赏手册，让学生动手写书册评论。

四、课程开发重反思

在整本书阅读地方化课程的开发中，我们既要着重培养学生的阅读力，又要有意识地增加相关经典篇目，培养学生对中华优秀传统文化、革命文化、社会主义先进文化的深入认识，希望让阅读成为学生的习惯。从阅读中汲取信仰的力量成为学生的自主意识，"整本书阅读"课程由此可以发挥更大的作用。

我们尝试使用思维导图、大事坐标图、人物关系图谱、人物红黑榜、三国人物评星榜等方式，引导学生加深对所读内容的分析运用。灵活的方式激发了学生的兴趣，也增强了课程开发团队的信心。我们课程开发团队会继续加强研究，让阅读成为学生未来发展的力量之源，让整本书阅读成为学生阅读力终身提升的有效途径。

第二节　高中语文整本书阅读地方化
课程课型指导

随着2017版《高中语文新课标》的逐步实施，学生阅读整本书的重要性已经得到了人们的认可，有不少一线教师开始尝试进行整本书阅读指导。在这个背景下，我们立足教学实际，准确认知整本书阅读，并积极推进整本书阅读的校本化实践研究，探索指导高中生阅读整本书的方法，形成整本书阅读指导的校本课型，有效提高学生的阅读兴趣。

一、整本书校本化发展促进核心素养发展

进行整本书阅读，是提高语文学科素养的需求。语文学科素养的"语言建构与运用""思维发展与提升""文化传承与理解""审美鉴赏与创造"4个方面都离不开阅读，特别是整本书的阅读。

语言建构与运用方面，语言是表情达意的工具。基本的听说能力、基本的阅读和写作能力就成了一个人立足于社会和立足于人群不可缺少的本领。整本书阅读能够让学生接触到足够丰富的语言，有机会碰到自己想要的语言形式，学生会不自觉地模仿自己喜欢的表达方式。

思维发展提升方面，阅读是发展学生思维的重要方式，整本书阅读提供了思维得以深入的可能性。学生通过大量阅读，获得大量信息，并且与自身对照，通过反思能使自己的思想不断成熟。

文化传承与理解方面，整本书负载着文化，在阅读的过程中，学生自然就会受到文化的熏陶。学生品味的语言越多，接受的文化越丰富，受到的影响也就越大，越能够形成独特的价值观念。只有先接受文化，才有文化的传承。

审美鉴赏与创造方面，全面提升个人的人格境界和精神文明水平；要彰显语文科独特的美育特质，如通过古代诗歌的鉴赏感受文学的意象之美、形象之美、色彩之美，甚至是语言文字精练之美，帮助学生形成正确的审美观，提高审美情趣，养成感受美、鉴赏美、创造美的能力。

2018考试高考语文试卷扩大了文本选取范围，这反映了信息时代阅读的特点和要求，高考将全方位考查阅读的"关键能力"。学生在阅读广度、数量、速度上要下大功夫，只有全面培养阅读能力、文学素养和思维品质，才能笑傲今后的高考考场！

二、构建整本书阅读的校本化课型

指导学生读整本书的主阵地在课堂。教师要把整本书的阅读纳入语文课堂，在语文课堂上组织学生对一本书进行阅读、讨论、赏析。我们经过半年的实践，探索出了以下五类基本的整本书阅读校本化课型。

（1）推荐阅读课：老师或学生把自己读过的，认为值得与大家分享的整本书推荐给学生阅读。比如可以由各小组推荐代表在班上介绍自己喜欢的书籍，教师要引导学生讲清楚、讲明白。

（2）阅读指导课：这类课主要是通过课堂指导学生如何阅读，教给学生精读、略读、浏览、速读等方法，并逐步培养学生探究性阅读和创造性阅读的能力，提倡多角度的、有创意的阅读，利用阅读期待、阅读反思和批判等环节，拓展学生的思维空间，提高学生的阅读质量。

（3）精彩导读课：这类课主要是以老师讲解为主，不容易理解的作品，就需要老师下功夫，备好课，挖掘整本书中的精彩之处和闪光点，在导读课上展示给学生，从而激发学生的阅读兴趣，吸引他们深入地读下去，关注更多、更深的内容。

（4）讨论交流课：学生阅读整本书需要很长的时间，教师必须在阅读持续了一段时间之后为学生构建一个平台，使他们可以及时分享阅读心得，吸收新的观点，激发新的思考。

（5）汇报总结课：这类课是在学生阅读完了一本书之后他们通过喜欢的形式汇报自己阅读的收获，比如组织故事会、朗诵会、擂台赛、知识竞赛等，让学生交流自己阅读的方法，自己阅读过程中的收获、感悟或困惑，也可对书中的人物及写法进行评点。

我们由于课时教学内容较多，教学任务重，对阅读方面的理论学习投入时间不足，理论功底有待加强。在日常教学中，对整本书阅读校本化教学中出现的问题的预设不够，希望在接下来的时间里，课题组老师多阅读理论方面的书籍和文章，把整本书阅读的理论水平、实践模式提高一个层次。

下 篇

教学实践

第七章 《乡土中国》整本书阅读指导

第一节 创作背景与学术思想解读

了解创作背景，是了解一本学术著作的基础，是整本书阅读的前提。因为任何一本书都有时代特征，都与个人经历有关。

一、创作背景

《乡土中国》是学术界的重要著作，当我读完它成书背后的故事，不禁感慨治学之不易、生活之多艰。

《乡土中国》这本书，是费孝通著述的一部研究中国农村的作品，它是学界公认的研究我国乡土社会的重要著作之一。

该书的作者是费孝通先生，他是我国著名的社会学家、人类学家，他创作的《乡土中国》《江村经济》《民族与社会》等专著，对我国社会学研究产生了深远影响。

所有这些著作都是费孝通经由多年实地调查学习的智慧和心血的结晶，来之不易。

1933年，从燕京大学社会系毕业后，费孝通先生考入清华大学研究院，师从史禄国教授，学习人类学。

1935年暑假，为了获取第一手社会学调查资料，费孝通与妻子王同惠，一起深入广西大瑶山（现在的金秀瑶族自治县），共同进行实地调查。

然而，在进行社会调查的过程中，费孝通和王同惠在路上迷失了方向，遭遇不幸，费孝通负伤，妻子王同惠在寻求救援的时候溺水身亡。

虽然这次的不幸遭遇给费孝通的生活带来了沉痛打击，但是通过在瑶族的实地调查，他对社会生活各方面之间的密切相关性，看得更清楚、具体了。

后来，费孝通出国留学，学成归来后，几经辗转，出任云南大学和西南联大两校的教授。

1940年，因时局紧张，经济异常困难，加上这一年费孝通又多了个新生的孩子，他们租住在农家，楼底下就是猪圈，生活十分艰苦。

为了谋生，费孝通不得不在固定的薪资之外，另谋收入过活。于是，他拿起笔靠写作赚取稿费，在当时成了一个多产作家。

费孝通几乎每天都要写作，写的内容不拘一格，主要是课堂上的讲稿，以及之前乡村考察的记录，还有一些时局的评论等。

费孝通将这些稿件投递给各大报纸杂志，赚取稿费，帮他一家度过了最艰苦的时光。

他在这段时间里发表过的文章，后来被编成小册子发行，就是后来畅销的书目。比如现在的这本《乡土中国》，就是他当年所写的14篇文章合集而成的。

组成《乡土中国》的这14篇文章，每一篇都是独立的部分，它们详细阐述了我国的乡土社会生活。

总体而言，在《乡土中国》中，费孝通先生对传统的乡土中国做出了三点总结：人与土地的关系、人与人之间的关系、私人关系和人情关系。

书中平实的语言，最为真切、直接地呈现出现实乡土中国社会的样貌和全景，为后世的社会学研究提供了翔实的依据。

正是因为这么一部传世之作，费孝通先生在实地调查资料的过程中却遭遇不幸，痛失挚爱；而这部书更是在他最为窘迫的条件下艰难写就而成的。

读完费孝通先生创作《乡土中国》的故事，令人情不自禁潸然泪下。每一份成功都得来不易，向先生致敬！

二、学术思想解读

《乡土中国》是我国著名社会学家费孝通先生于20世纪40年代写就的一部社会学著作，整部书的篇幅虽然不过六七万字，但其背后却蕴含着深厚的社会场景，体现出广阔的学术视野，堪称是"前现代中国的国情咨询报告"。时隔七十多年后的今天，《乡土中国》依然是一部认识传统中国社会结构特点的经典之作，也是迈进社会学殿堂大门的必读书目。面对《乡土中国》这样一本学术地位高、学科理论强的社会学专著，作为一名语文教师要想实现对学生阅读活动的有效指导，自己首先要读懂全书，理解书中的主要内容和精神实质。在这一过程中，笔者认为语文教师起码要做到"四读"《乡土中国》，分别为：通读全书，了解整部书的基本内容；细读局部，理解整部书的关键实质；研读难点，化解整部书的疑难困惑；审读全书，剖解整部书的章法结构。另外，语文教师在独立完成对该书的自读学习之后，有必要在科组内与其他的教师展开阅读对话，交流阅读认识，分享阅读体验，深化阅读理解。同时，在条件允许的情况下还可以查找一定的文献资料，进一步丰富和拓展阅读的视野，使自己对该书有一个更为全面的认识。在完成以上的阅读学习任务之后，语文教师应从以下六个方面来整体把握《乡土中国》这部学术著作的主要内容。

（一）《乡土中国》的研究背景和目的

任何一部学术专著，都有其特定的研究背景和具体的研究目的，否则难以立得住脚，更不要说有学术价值了，《乡土中国》自然也不例外。鸦片战争以来，中国社会长期形成的闭关锁国局面被打破，随着西方列强的入侵和国家主权的丧失，中国近代社会开始进入剧烈变革的历史时期。社会形态上的剧烈变革必然会引起思想观念上的应激反应，各种观点相继而生，不同学派互相争鸣（比如"国粹派""全盘西化派""马克思主义""自由主义""文化保守主义"，等等）。到20世纪二、三十年代，思想文化领域里的这种纷争空前活跃，几乎达到了"白热化"的程度，最终演变成中国近代社会思想发展史上的重要事件。尽管不同派别的观点各有差异，但其目的均指向了认识旧社会，改造旧中国，探寻富民强国、振兴中华的发展道路。费孝通虽然并未参与这一时期的思潮论战，但其随后所发表的《乡土中国》却孕育于这一大的历史时代背景之下，并且对之前社会思潮论战中所涉及的中国社会的特殊性这一命题给予了有力回答。

关于《乡土中国》研究的具体目的，费孝通先生在该书重刊序言中已做了明确交代，这便是"尝试回答我自己提出的"作为中国基层社会的乡土社会究竟是个什么样的社会这个问题"，即探究中国乡土社会的主要特点。那么，为什么要从中国社会的基层开始研究呢？这是因为中国社会的主体是农业社会，中国人口的大多数是农民，他们生活在广阔的基层社会——乡村，代表了中国社会的主流和绝大多数。只有把握了基层社会才能理解中国社会，只有理解了中国社会，才能找到解决中国社会问题的根源所在，进而提出改造的方案和建设的路径，这也正是《乡土中国》一书研究的缘起。

（二）《乡土中国》的研究内容和思路

中国传统社会的"国情和民风"到底怎么样？其中具有哪些重要特征？费孝通先生以"乡土中国"为题，对中国传统社会的内部结构和要素关联进行了全景式的刻画分析，其中也涵盖了对中国传统社会文化的整体考察。

《乡土中国》由14篇短小精悍的文章构成，标题分别是《乡土本色》《文字下乡》《再论文字下乡》《差序格局》《系维着私人的道德》《家族》《男女有别》《礼治秩序》《无讼》《无为政治》《长老统治》《血缘和地缘》《名实的分离》《从欲望到需要》，内容涵盖个人、家族、国家、天下的伦常纲纪。

《乡土中国》一书中的14篇文章从不同的侧面刻画了乡土中国社会的结构特征，文章之间既相对独立，又密切联系，体现出一定的思维逻辑。为了能从整体上更好地把握本书的研究思路和写作脉络，笔者认为可以尝试将其分成五个部分：第一部分（第1～3章），这一部分是全书论证的逻辑起点，主要从乡土中国的物质基础和文化基础两个层面对中国基层社会的特点进行总体上的总括。第二部分（第4～7章），这一部分主要是从社群关系的角度对乡土中国的社会结构特点进行概括说明。第三部分（第8～11章），这一部分主要是对维持中国乡土社会秩序的权力特点进行阐释分析。第四部分（第12章），这一部分主要是对乡土中国社会关系建立的基础"血缘"和"地缘"的作用以及彼此之间的关系进行分析论证，这一章节具有承上启下的作用，一方面它是前面第二、第三部分中人伦关系产生的起点，另一方面它也是后面第五部分（第13～14章）社会性质发生转变的标志。当一个社会的社群关系由"血缘结合"转变到"地缘结合"时，社会的变革就已经开始发生。总体而言，《乡土中国》用一条隐含的主线将14篇文章串联在一起，这条主线便是"人和人是如何联结在一起的"，其中《差序格局》和《礼治秩序》两章是全书的核心部分。

（三）《乡土中国》的研究范式和方法

"范式"一说由美国著名哲学家托马斯·库恩于1962年在其经典著作《科

学革命的结构》一书中首先提出，指的是常规科学所赖以运作的理论基础和实践规范，是从事某一科学的研究者群体所共同遵从的世界观、方法论、工具手段、标准规范和行为方式等。"研究范式"是指某一研究群体在某一特定时期对某一具体学科所共同持有的以上范式理论要素的总和，体现了研究者认识和解释研究对象的基本方式，统领其研究的实践过程和思维结果。

不同的研究范式决定了不同的研究取向、研究方法和概念体系。在社会学研究领域里长期存在着两种不同的研究范式：一种是实证主义的研究范式，一种是人文主义的研究范式。前者以自然科学为哲学基础，后者以人本主义为哲学基础，两者相互对立又互为补充。作为学术著作，《乡土中国》的研究范式首先是基于实证主义的，作者打破以往社会学"书斋式"的研究范式，采用田野调查的方式深入乡间农舍、田间地头收集中国乡土社会的第一手资料，近距离接触并认识中国乡土社会的实际情况，进行"实地的社区研究"，然后在此基础上进行人文主义的演绎归纳、分析概括，以求"在理论上总结并开导实地研究"，实现了两种研究范式的优势互补、有机统一。

关于《乡土中国》的研究方法，笔者认为可以从三个层面来进行把握：首先从宏观的层面，作者遵从社会学"综合性"的路线主张，从乡土中国各种社会制度的关系入手，着眼于"全盘社会结构的格式"，由此采用"社区研究（也称社区分析）"的方式，既注重整体结构，又关注具体内容；其次从中观的层面，作者采用"结构—功能"主义的社会学研究视角，从乡土社会的结构组成、各自功能以及彼此关联等方面对乡土中国的社会图景进行了刻画剖析，进而探求其背后何以会发生、何以成可能的历史文化原因；再次从微观的层面，作者采用人类学比较研究的方法，在中西社会的对比分析中完成了对乡土中国社会特质的提炼与构建。

（四）《乡土中国》的研究表述和语言

《乡土中国》作为一部社会学著作，在研究内容的呈现上自然要遵循一定的学术规范和学科要求。具体而言，本书在研究内容的表述上呈现出逻辑严密、结构清晰、概念明确、理论与事例相结合等鲜明特色，特别是为了有力地刻画乡土社会的结构特征，建构中国社会所特有的乡土伦理体系，作者从大量纷繁复杂的社会现象中提炼出鲜活生动的概念术语，更好地阐释了乡土中国的主要特质。与此同时，《乡土中国》在研究内容的表述上不囿于纯粹的理论分析，而是将习以为常的社会现象和生活实例进行理论上的提升概括，实现理论与现实的浑然一体，可读性强。

总体来说，《乡土中国》的语言通俗自然、生动形象、深入浅出，带有浓浓的生活气息和乡土味道，阅读起来并不困难，但该书是根据作者20世纪40年代在西南联大和云南大学所讲"乡村社会学"一课的课程内容整理而来，其专业性和知识性可想而知。同时由于是连载文章的汇编，其中涉及中国乡土社会结构特征的诸多方面，囿于篇幅的局限未能进行充分地展开，在内容上留下了很多"空隙"和"补白"的地方，无形当中给阅读带来了困难。另外受年代和方言等因素的影响，文中个别地方的语言呈现出与众不同的表达方式，比如"宣泄外出""社会圈局"等，也在一定程度上增添了阅读障碍。

（五）《乡土中国》的研究态度和价值

在分析中国乡土社会何以发生、何以可能的过程中，作者采取了中西方社会对比的方法进行展开，其中既有现实的比较也有历史的对比，既有现象的揭示也有原因的探寻。在对比分析的过程中，作者并没有直接对中西方社会的结构特点作出价值判断，也并没有对中国乡土社会的弊病进行简单否定，而是怀着对中国乡土社会的热爱与关切之情，从"文化自觉"的立场出发，寻找富民强国的发展出路，流露出浓厚的"乡土情结"。这里所谓的"文化自觉"指的是"生活在一定文化中的人对其文化有'自知之明'，明白它的来历、形成过程、所具有的特色和它发展的去向，不带任何'文化回归'的意思，不是要复归，同时也不主张'全盘西化'或'坚守传统'"，即生活在不同文化中人要对自身的文化以及其他文化有所沟通与理解，在知己知彼的前提下，取长补短，互学共鉴，自主改造和适应，以谋求民族文化和社会文明的破旧立新、发展进步。

《乡土中国》作为社会学领域里的一部经典著作，笔者认为其研究的价值主要体现在两个方面：其一是在"实地的社区研究"基础上，作者以"文化自觉"者的身份运用"结构—功能"主义的社会学研究理论，在中西方社会的比较分析中回答了"作为中国基层社会的乡土社会究竟是个什么样的社会"这个问题，并对其中的社会现象和结构特点从文化传统的层面进行了追根溯源，以探明其历史的成因，这为全面深刻地理解中国乡土社会的结构特点提供了重要参考，也为探寻改造和建设中国乡土社会的方案提供了理论依据，直至今日仍具有强烈的现实意义；其二是作者一生致力于"社会学中国化"的学术研究，力图从宏观视角审视整个传统社会，分析乡土中国的社会结构和运行机制，从而勾勒出中国基层社会的结构原则，提出具有普遍意义的理论模式，实现社会学在中华大地上扎根。《乡土中国》集中体现了作者的这一学术思想和人生追求，是"社会学中国化"探索道路上的大胆尝试，在社会学学科发展史上留下了不可磨灭的印记。

（六）《乡土中国》的研究创新和局限

《乡土中国》的研究创新主要体现在研究范式和方法上的创新，作者采用实证主义和人文主义相结合的研究范式，遵从"综合性"的社会学研究路径，以宏观的视野聚焦"全盘社会结构的格式"，从"结构—功能"社会学的视角探寻社会结构内部各部分之间的功能、关系和机制以及背后的文化成因。为了更好地凸显中国乡土社会的特殊性，作者发挥自己对乡土中国熟悉、对西方社会了解的个人优势，运用比较研究的方法通过中西方社会对比的方式将乡土中国的本质特点凸显出来。虽然整本书的篇幅不算太长，但其中却蕴含着作者宽广的胸襟和远见的卓识，为社会各界所推崇。除了研究范式和方法上的创新，为了研究分析的需要，作者还从纷繁复杂的社会现象中提炼出若干简洁且富有解释力的学术概念，比如"差序格局""礼治秩序""长老统治"，等等。这些学术概念不仅形象、深刻地刻画了中国乡土社会的特质，还奠定了建构中国社会特有乡土伦理体系的基础，至今被人们津津乐道。

《乡土中国》是费孝通先生的早期代表作之一，也是其进入"社区分析"第二个阶段的代表作之一。虽然该书在学术界产生了广泛而深远的影响，但无论从当时来看还是从现在来说，都有值得进一步商榷和探讨的地方。比如有人认为该研究受到功能学派的影响比较明显，缺少马克思主义阶级结构的分析；有人以明清以来频繁的诉讼为例，对"礼治秩序"中的"无讼"结论进行质疑。即便是作者本人也在书中提及有人对"差序格局"和"团体格局"产生异议，更有学者专门著书立说，就《乡土中国》中所涉及的研究话题与作者展开隔空对话。诚如作者在重刊序言中所说，书中的文章是"一面探索一面讲的，所讲的观点完全是讨论性的，所提出的概念一般都没有经过琢磨，大胆朴素，因而离开所想反映的实际，常常不免有相当大的距离，不是失之片面，就是走了样"，之所以愿意将其和盘托出在于引导学生敢于向未知领域进军。虽然其中不乏作者的自谦之意，但实事求是地说，作为一本尝试将社会学理论与中国社会实际相结合、具有探索性的学术著作，不能对其求全责备。同时，面对历史悠久、关系复杂的中国传统社会，囿于作者个人的视域所及、认知所限，对中国传统社会本质特点的探寻也绝不是一本《乡土中国》所能够承载得了的。它只不过是以自己特有的方式为我们打开了一扇认识中国传统社会的天窗，即便如此，也已足矣。

三、《乡土中国》整本书阅读的价值

学术著作与文学类著作不同，这种不同不仅表现为语言运用的逻辑上，更表现在文章的行文思路、问题的思考角度上。《乡土中国》作为费孝通先生的名作，被选作整本书阅读任务群下学术著作整本书阅读的篇目，与这本书所体现的学术精神和乡土情怀是分不开的。阅读学术著作为的是培养学生的学术精神、理性思维以及批判精神，以实现学术著作的学术价值和人文价值。这种目的的实现需要学生的深入阅读，也需要教师的适时指导。双主体（教师和学生）共同阅读才能将阅读的价值最大化、最优化。作品的原生价值与作品的教学价值是截然不同的两个概念。作品的原生价值是多维度、多方面、多层次的，而作品的教学价值则是指文本的原生价值和学生的发展需求之间的适当而有效的结合点，意在促进学生的精神成长和语文素养的培育。教学价值是衡量作品能否成为整本书阅读书目的关键因素，决定了教学的方向与目标。当前的整本书阅读教学多以文学类文本为主要阅读书目，具有内容的整体性与连贯性，其教学价值主要表现在文学、思想和教育三个方面。相比之下，社科类的学术著作《乡土中国》具有学术性、文化性和历史性，其教学价值则主要表现在学术价值和文化价值两个方面。

（一）学术价值

1. 积累学术语言

语言作为文章著作的基础，也是其学术思想的外在表现。学术著作是以特定的语言形式表达特定的文本内容和学术思想。学术语言是反映专业性问题的专业型语言，学术语言对学生来说是日常学习和生活中都不常见到的，因此其不具有熟练运用性且不易被理解。与其他学术著作晦涩难懂、庄重严肃的语言相比，《乡土中国》的语言不仅通俗易懂而且深入浅出，可读性强，更容易为读者所接受，因此更容易为学生群体所接受和理解。所以有助于学生积累学术语言知识的《乡土中国》作为学术著作整本书阅读的入门书目被选入高中整本书阅读体系。

新课标在阅读上要求学生"在丰富的语言实践中，通过主动的积累、梳理和整合"，掌握语言文字的特点及运用规律。通过阅读《乡土中国》学生可以对学术语言的规律和特点有初步的感知，在此基础上丰富学术语言知识体系，培养一定的学术语感，感知学术语言与文学语言的差异。《乡土中国》的语言平铺直叙、通俗易懂，但又不乏周密严谨。费孝通先生在解释"差序格局""血缘社会"等概念时，既使用专业性术语对这些概念进行抽象的概括总结，同时又借用一些生活中的常识和事例做补充性解释。在阅读《乡土中国》的过程中，学生通过初步了解其内容及思想，可以逐渐深入阅读，沉浸于学术语言的环境氛围中。这样的沉浸式阅读可以引导学生从通俗自然的口语化语言向严谨规范的学术语言过渡，使学生逐步形成个人独立的学术语感。学生在精读和粗读交互阅读的过程中，可以深刻体会学术性语言运用的规则，掌握学术语言的表达特点，为日后建构学术语言图式提供支架。语言的积累，是能够让学生灵活运用学术语言的基础。因此，《乡土中国》作为学生开启学术著作整本书阅读之路的"开篇之作"，对培养和发展学生学术语言能力具有重要的奠基作用。

2. 培养学术思维

语言作为思维的物质载体，很大程度上体现着创作者的行文思路，《乡土中国》洋洋洒洒的语言文字背后体现的是作者清晰的行文思路和缜密的思维方式。《乡土中国》由相互独立又相互联系的14篇文章组成，从语言文字、社会发展、道德观念、人际关系和经济发展等多个维度出发，针对我国社会"差序格局"的结构特点，详细阐释和论述了我国乡土社会中存在的现象和问题。学生通过梳理书中的概念，就可以建构《乡土中国》的逻辑框架，可以很清晰地体悟到作者严谨缜密的学术思维。书读百遍其义自见，反复阅读可以感知到作者严谨的论述方法和理性的思维方式，学生在梳理书中观点、概念、内容及相互关系时，他们的逻辑思维和批判能力也在无形中得到了训练。在文章中作者先后采用了比喻论证、对比论证、推理论证等多种论证方法，将抽象、晦涩的理论语言转化为形象具体的例子。在《差序格局》中，作者分别用同心圆波纹和捆柴比喻乡土社会和西洋社会，并对两者进行了比较。这里就用到了比喻论证和对比论证，体现了作者高超的抽象思维能力和创新思维能力。对书中概念的推导论述、逻辑推理是培养学生学术思维和提升学术思维品质的营养土壤，有益于培养学生的学术素养。

3. 传承和发扬学术精神

费孝通为了调研足迹踏遍了祖国的大江南北，他曾多次前往温州、河南、甘肃、山东等地进行实地考察，在做博士论文《江村经济》的调研时，对家乡江村前前后后回访了二十七次。在《乡土中国》的后记中他写道：他的研究工作可以大致分为两个阶段，在第一阶段更侧重实地的社区研究，着重对社区的经验事实进行描述和诠释；第二阶段则侧重社会结构的分析，主要是探讨中国社会的理论和社会变迁的应对策略，例如《乡土中国》重视理论思辨。因此，《乡土中国》是一部以经验研究和田野研究为立足点的"富集中国社会特性的乡村调查报告"。作者费孝通身上体现了知识分子学以致用的治学精神。阅读"旧著《乡土中国》重刊序言"和"后记"，学生可以了解到作者的调研经历以及成书过程，进而会对作者实事求是的研究精神产生敬畏，进而将这种敬畏转投到对中国乡土文化的理性精神上。学术类著作一般具有严格的学术规范和强烈的学术情怀，教师鼓励学生阅读《乡土中国》之类的学术类著作，在一定程度上可以培养学生的学术情怀和学术规范意识，使学生尊重他人的学术研究成果，为日后步入大学后的学术研究树立正确的意识和坚定的信念。

（二）文化价值

1. 理解乡土文化，把握传统精神

《乡土中国》是作者将自己的所见所感与严谨且质朴的语言结合，描绘出的一幅中国乡土社会的原始画卷。通过阅读《乡土中国》学生可以直观地领悟到中国乡土社会的全貌，以包容的心态看待我国的乡土文化，并能够对日常生活中常见的现象产生全新的见解。在《文字下乡》和《差序格局》中作者对"愚""私"偏见的分析与反驳，在《血缘和地缘》中对街集的理解与阐述，有利于引导学生从社会学的角度去重新认识我国基层社会中存在的问题与现象，并理解其中蕴含的文化传统与文化精神。因此，认识中国社会、理解乡土文化自然就成了阅读《乡土中国》的重要文化目标。同时，《乡土中国》中也蕴含着丰富的中国传统文化，其中引用了许多儒家经典著作，如《论语》《大学》《中庸》《孟子》等，作者将儒家传统文化的精髓与社会学问题及日常生活经验相联系，进行语境化的解读与探讨。阅读《乡土中国》，可以使学生关注到我国优秀的传统文化，体悟到传统文化的核心思想，在此基础上积累相关的文化常识。《乡土中国》中体现了作者"文化自觉"的意识，他不是一味地固守、捍卫本民族的传统文化，而是在叙述乡土社会的同时，将对落后的传统文化的批评与驳斥隐匿在其中，这种质疑与批判促成了费孝通对传统文化的理性思考和辨析。教师在指导学生阅读《乡土中国》的时候，需引导学生仔细分析费孝通的观点及陈述，让学生正确看待传统文化，唤醒学生的文化自觉意识，让学生在传统文化的熏陶中坚定文化自信。

2. 关注社会变化，培养家国情怀

费孝通对祖国乡村社会的发展有极强的责任感和迫切的改变愿望。他将"志在富民"作为自己进行学术研究的核心动力。《乡土中国》是一本本土化的社会学理论著作，阐述了我国乡土社会由传统社会向现代社会演变的过程中所面临的现实问题，全书深入探讨分析乡土社会该如何应对现代化进程中产生的相关问题，对我国的现代化建设实践有一定的指导意义。《乡土中国》作为让学生进行整本书阅读的学术著作，不仅可以让学生对中国的基层社会产生理性的认识，也能启发学生思考，让学生反思当下社会现代化进程中存在的问题，并让学生对当今社会的发展倾注注意力，以此来培养学生的社会责任感。《乡土中国》对特定年代的乡村的描述与分析，也可以适当缩小城市学生与乡村生活之间的距离，激发学生对基层乡村的关注与思考。

"志在富民"也是费孝通学术生涯的理想化目标，他将这种期待贯穿整个研究过程。通过《乡土中国》这本凝结费孝通先生乡土情怀的中国乡土社会的学术巨著，学生们可以从字里行间领悟到费先生对中国社会的关切，对这片土地上的人民的深情，这些都是他乡土情结的体现。费孝通对乡土的热爱恰恰是他的家国情怀，也是中华民族的精神脊梁，更是当代中学生必备的家国理想。阅读《乡土中国》有利于培养学生对祖国的高度认同感和归属感。

第二节　阅读规划安排

整本书阅读需要一个规划和安排，安排从时间上来讲，需要制订一个计划，同时又要一定的灵活性与自由度，还需要安排规划更多有助于整本书阅读理解的内容。

一、基于师生共读角度全学期的《乡土中国》整本书阅读计划思考

《乡土中国》整本书阅读，分自读、研读、分享三个阶段，将阅读安排在一个学期完成。每个阶段既有共通之处，也有各自独特的方法，共同形成一套比较完备的读书系统。阅读的主体是教师和学生。这种阅读方法，也许能为今后其他的整本书阅读提供一个新的思路。

（一）困惑与思考

自2022年秋季开始，全国大部分地区语文教学开始采用全国统编版教材，将《乡土中国》整本书阅读纳入单元教学。由于过去的教材没有这样的授课内容，在实际的授课中出现了不少的问题。

就新课标而言，要求学生短时间去"探究本书的语言和论述逻辑"，甚至"深入研读作家作品"，这样很难完成。

就《乡土中国》本身而言，作为学术著作，其概念多，逻辑严密，理解难度较大。

就学生而言，刚入高中，对整本学术著作的阅读经验还比较欠缺。

就教师而言，很多教师第一次接触整本书阅读教学，不少教师甚至没有阅读过《乡土中国》。

由于以上四个因素，《乡土中国》的阅读，具有新的特征：教师和学生都是阅读的主体，完成阅读所需的时间要长一些。

然而，相关教学资料，却大多主张在两至三周内集中完成。主张两周左右

完成的，如由俞仁凤、桂芳主编的《乡土中国整本书阅读与研讨》中提到的15天阅读计划。除《重刊序言》《后记》为一天外，其余十四章节各一天。这样的安排，表面上看比较连贯，但在实际教学中却是举步维艰。学生每天阅读一节内容，同时要进行梳理，总结方法，开展讨论，完成相关作业；教师需要点拨、补充、拓展，总感觉教学时间很紧张。实际阅读下来，总有一种囫囵吞枣之感。

主张用三周左右时间完成的，以闻钟主编的高中语文名著阅读《乡土中国》为代表。该书在阅读规划中，将阅读安排为三周：第一周"通读全书"，第二周"精读全书"，第三周"学习任务"。而在第一周"通读全书"中，周六就安排了《长老统治》《学缘和地缘》等六篇章节的阅读。笔者初步估计了一下，学生光是浏览这六篇文章，可能都要两至三节课的时间。笔者也亲自体验了一下，按这样的安排，获得的读书时间实在太少。同时，这本书将第一周安排为浏览，第二周为精读，第三周为任务，将浏览、精读、任务做简单机械的割裂安排，也似乎并不符合语文阅读的教学实践规律。

基于上述情况，结合中学教学实际，在保证阅读时间总量（两至三周）不变的情况之下，我们提出了基于全学期（含寒假）整本书师生共读的阅读设计，供大家参考。

（二）全学期《乡土中国》阅读目标

（1）通览《乡土中国》，认识中国乡土社会。

（2）初步掌握看学术著作的基本方法，对整本书的阅读有一定的积累和体会。

（3）知人论世，感悟作者的严谨治学、理论联系实际、勇于创新精神。

（4）分享成果。通过笔记、感悟、调查报告以及其他媒体形式，开展专题研究，提升人文科学素养。

（三）全学期整本书《乡土中国》师生共读三部曲

1. 师生自读阶段

师生自读阶段，计划安排8课时，共8周，每周1课时，以浏览、略读为主，熟悉掌握全书基本内容。具体安排如下面所示。

自读要求：师生都是自读对象，同时阅读，同时完成作业；注意勾画批注，并随时记录自己的问题，力求自我解决；阅读与作业相互参照，力争读懂原著。

2. 师生共同研读阶段

师生共同研读阶段，计划14课时，每章安排1课时（不计《重刊序言》和《后记》）。力求精读著作，理论联系实际。着重从以下四个方面入手。

（1）厘清核心概念。所谓核心概念，就是作者着重阐释的、与乡土社会属性密切相关的概念。《乡土中国》涉及的概念很多，比如《礼治秩序》，这里面就涉及三个概念：法治、人治、礼治。哪个才是核心概念呢？当然是礼治。对法治、人治的论述，是为论述礼治特点服务的。乡土社会的本质属性之一，就是礼治。同理，社会的四种权力模式——横暴权力、同意权力、教化权力、时势权力，教化权力是核心概念。其他三种权力，尤其前两种权力，都是为说明教化权力服务的，教化权力在乡土社会中起着支配力量。从这个角度去梳理《乡土中国》，可以梳理出乡土社会、差序格局、家族、私、礼治、无为政治、教化权力、血缘、欲望九个核心概念。抓住这九个核心概念，对文章的理解是有很大的好处的。

理解核心概念，要注意把握其基本属性。如乡土社会，其基本属性是不流动（稳定）、聚村而居、熟悉，家族的基本属性是单系（父系）、事业性、延伸性、长期性。阅读时，一定要抓住这些基本属性。

理解核心概念，可从比较入手。例如，对教化权力的认识，可与横暴权力、同意权力、时势权力进行对比，从而使学生对教化权力的基本属性有一个清晰、直观的把握。

厘清核心概念，要用规范的语言进行概括（下定义）。《乡土中国》用了大量的概念，但作者在阐释时，却很少用文字进行概括，这就需要我们抓住核心信息，进行概括或者下定义。如差序格局，可概括为：差序格局是指乡土社会中以"己"为中心，受中心势力影响而伸缩自如，界限模糊，并影响着私人道德观念等的社会结构格局。

（2）把握主要观点，理清思路，训练逻辑严密。学术性的作品，往往逻辑性非常强。阅读《乡土中国》，就要从逻辑说理的角度来提升阅读效率。

首先，从整体上把握各章节的内部联系。除《重刊序言》和《后记》外，本书共有十四章，每章之间逻辑联系紧密。第一章《乡土本色》，可谓全书之纲。土是农民的根基，受土的制约，农民有不流动性（稳定），聚村而居（村落），熟悉面对面。可以说，这些属性，奠定了以后各个"目"（章）的理论基石。

例如作者在论述"乡下人不需要文字"时，指出乡下人是面对面地直接接触，不会"舍弃语言而采用文字"。他们"眉目传情"，他们"指石相证"。

又如，作者在《系维着私人的道德》指出，在乡下人眼里，他们"和别人发生关系是后起和次要的"，他们依据自身需要而进行不同程度的结合。可见，决定乡土社会的差序格局的，正是中国乡土社会的安身立命。

经济基础决定上层建筑，这是马克思唯物辩证法的观点。决定人与人的社会关系形态的是人的物质生产，《乡土中国》客观上符合这一理论观点。

（3）经验的充分调动，帮助同学们在认识上闯关。《乡土中国》是20世纪40年代的作品，年代久远，学生理解有些难度。这个时候，把学生已有的阅读经验、生活经验调动起来，会对学生的理解有一定的帮助。

这里所说的经验，一是包括师生的阅读经验，二是社会生活经历。

调动已有的阅读经验，帮助学生理解文章的核心观点。例如，在讲解"中国的家，是一种事业型组织"时，可以联系《红楼梦》中贾宝玉、林黛玉的爱情悲剧加以说明。尽管贾宝玉与林黛玉真心相爱，甚至贾母也十分疼爱林黛玉，但是，在选择贾府儿媳时，他们更多考虑的是薛宝钗家庭背景、身体条件、八面玲珑的处事方式及人缘关系。根据这些条件，与林黛玉相比，选择薛宝钗更有利于贾府家族事业的延续。

（4）联系生活实际，则会更加生动形象。例如，笔者在讲解差序格局和团体格局时，举了一个去年发生在上海的案例：一户人家，有三个女儿和一个小儿子。父母在分房产遗产时，三个女儿各得20%，小儿子得40%。结果，二女儿不服，放火烧了房子。启发学生：老人为何要多分遗产给儿子？老人是被一种什么观念在支配着？这种现象现在还有没有？

经这么一启发，学生发现在自己的周围，例如房屋拆迁时，这种现象（遗产儿子多分，女儿少分）还很普遍。老人受传统观念影响，重男轻女，是一种典型的差序格局在支配。而在女儿的眼里子女在家庭中的地位应该是平等关系，父母应该对儿子和女儿一样看待。这样，父母的传统差序格局观念与女儿的现代团体格局观念就发生了激烈冲突。通过这样的现实生活案例分析，作者的基本观点就清楚了。

3. 师生分享读书成果阶段，安排在假期完成

教师和同学们利用假期，把《乡土中国》再读一遍，引申到费孝通先生的其他著作中去。撰写读书笔记或者研究成果，准备一次读书报告分享会，开学后在班上进行。下面问题可作参考。

（1）深入理解内容或者学术风格：从内容或者论述特点、语言风格、研究思路等入手，撰写《乡土中国》读书笔记，不少于1500字。

（2）质疑思辨作者的观点：对作者的观点如"乡下人不需要文字""系维着私人的道德"等观点，你是否赞同？请你深入思考其中的一个话题，写一篇1500字左右的文章。

（3）社会实践调查：调查你现在所处的乡村或者社区，选择一个角度（如社区治理方式、婚俗礼仪、春节习俗等），撰写2000字左右的调查报告。

（4）教师撰写《乡土中国》教学反思等。

二、基于现实生活探索与理解推动《乡土中国》整本书阅读

《乡土中国》是了解认识自己、中国历史文化和解决社会问题的一把钥匙。

（一）回眸乡土知来处，乡土是中国人的精神家园

"土"字是指泥土。乡下人离不了泥土。中国几千年都是农耕社会，祖祖辈辈种地谋生，连基层也是乡土的，乡土就是我们中国人的根。自古以来，中国人对土地的深情胜过一切，认为土地就是人生的根本，有了土地，心中就有了底气，就有了希望。《左传》中记载：重耳到卫国求助失败，回来路上饥渴难耐，向农夫讨吃的，农夫送他一块泥巴，重耳恼羞成怒，准备鞭打农夫，身边的谋士子犯劝住说，切莫生气，这是上天赐予的土地，那是江山社稷啊！赶快下跪拜谢！果然，没过多久，经过自己的努力，在秦穆公的帮助下，重耳终于夺回政权，成为坐拥万里江山的一代霸主晋文公。这个故事可见中国人对土地的崇拜。

土地不仅是中国人的生存根本，热爱土地的情怀已经融入了中国人的骨髓里和血液里，土地成了中国人的精神家园。虽然现代社会已经上百年了，但中国人对土地的热爱随处可见。例如，在美国的哈佛大学的菜园里，经常看见华人种菜的身影。在非洲，只要看见有菜园子的地方，就有中国人在附近生活。在国内城市里，居民的阳台、天台上随处可见种的蔬菜。从这些事例可以看出，

中国人无论身处何处，对土地的热情不减，土地真正成了中国人的精神家园。所以阅读《乡土中国》可以知道自己的来处，可以认识中国人的精神渊源。

（二）了解中国乡村，提高历史文化素养和适应社会生活的能力

《乡土中国》中的"文字下乡""差序格局""礼制秩序""长老统治"等篇章中可以了解中国乡土社会的历史格局和文化沿革。例如中国人喜欢讲人情，在乡土社会里是一个熟人社会，在成人世界的社交中，我请你吃顿饭，帮你一个忙或是给你图个方便，那么你就欠我一个人情，下次相见时，你就要相应地做出回报，所谓礼尚往来。倘若你只会索取，不懂回报，就会被贴上"不懂人情世故"的标签，甚至直接导致对方与你断绝来往，你未来的社交也就会出现一些困难。我们平时参加的各种聚会、席间的敬酒文化都是如此，自从我有意识地思考这种酒席文化后，发现中国的人情社会扎根至深。

作者把中国的乡土社会比作"好像把一块石头丢在水面上所发生的一圈圈推出去的波纹"。我们的社会关系是逐渐从一个一个人推出去的，因此，交情越广，关系网越大，对人就越有利。比如乡土社会靠什么来维持秩序呢？了解"礼治秩序""长老统治"后就清楚了。礼治的实现必须要以传统的经验是可以解决社会生活问题为前提的，在一个变迁很快的社会中，"礼"的教化是难有说服力的。而恰恰如此，乡土社会是稳定的，甚至是"一成不变的"。所以，乡土社会的"无为"的统治，使长老政治得以稳固，并且成为乡土社会的基础。阅读《乡土中国》后可以更好地理解中国现在既要推行法治，又要实行"德治"的原因，这是中国的历史文化传统所决定的。

（三）学习一些社会学研究的方法，更好地参与乡村文化建设

《乡土中国》作为语文课程，适宜引领学生研读，该书的概念体系、分析框架和表达风格值得高中生研习揣摩。作者有强烈的问题意识和家国情怀，能激发学生的现实关怀和文化参与意识。《乡土中国》阅读与交流，对于建构学生阅读学术类型整本书的经验，形成正确的世界观、人生观和价值观都有独特的价值作用。我认为《乡土中国》有以下研究方法可以学习借鉴：

1. 实地调查法

实地调查法，这是现代社会学研究的主要方法。作者经过多年实地走访调查记录，积累了大量的第一手资料，为了解中国乡村和归纳中国历史特点打下坚实的基础。

2. 逻辑归纳法

逻辑归纳法，在科学研究中，把某些现象或者事物所体现的本质特点抽象出来，加以概括，形成理性认识的概念。作者在多年调查中，记录了大量的乡村现象，并且由这些现象加以思考总结出乡土社会的普遍规律，例如"差序格局"这个概念，就是从乡土社会纷繁复杂的各种社会现象中概括出的经典概念。中国乡土的熟人社会、血缘关系、家族长老统治无一不体现中国人的"差序格局"的特点。所以理解了"差序格局"这个核心概念，等于抓住了全书论述网络的"纲"。核心概念贯穿整本书，是学术观点阐释的重心；一般概念分布在章节中，并支持核心概念。

3. 文献分析法

文献分析法，在社会学研究中，遇到许多现象和事件时，可以用查阅历史文献资料，追根溯源，分析深层次的社会原因。我们用今天的眼光，结合现实生活场景，从《乡土中国》这本书里吸取可以吸收的营养，参与家乡文化建设的调查与研究，培养面向未来的思维能力。

（四）参与家乡社会调查，破解乡村振兴中的现实问题

《乡土中国》的调查资料汇编成书已经过去80多年了，中国社会的结构发生了巨大的变化，虽然中国社会还未完全脱离乡土社会、差序格局的属性，但其内涵和外延显然有所改变。如果不理会这些变化，无视变化中形成的冲突和张力，而只去让学生接受性阅读，照单全收书本的知识，就会严重脱离社会现实，削弱这本书的语文课程价值。如何利用好这种变化、冲突和张力，引领学生把书读活，可以指导学生做些力所能及的调查、探究和思辨，形成调查报告。

我们可以利用阅读这本书得到对乡村社会的知识和调查方法，去认识现在的乡村社会，尤其是现在普遍出现的农村留守儿童问题、农民工问题、农民养老问题、土地荒撂问题、农村教育问题等，我们可以学一学作者去实地考察、记录、研究分析，得出一些有用的结论。目前，中国全面进入小康社会，农村已经完成脱贫攻坚任务，下一步中国将开启乡村振兴的新时代。为全面完成乡村振兴，可以利用阅读《乡土中国》获得的认识论、方法论去破解乡村振兴实践中的现实问题。例如，乡村帮扶干部如何拉近与村民的关系来展开工作，如何帮助农民提高土地的农产品价值，如何发展一村一品的特色乡村，如何吸引农民工返乡创业等一系列问题都可以在《乡土中国》这本书里找到答案。

《乡土中国》内容简洁，书中的方法精当，虽然读起来轻松，但要真正读懂、用活，不仅仅是学生的大事，也是我们教育工作者的大事。教师要多去研究，慢慢悟，只有自己悟透了，才能更好地指导学生阅读，才能实现《乡土中国》阅读的真正价值。

三、《乡土中国》整本书阅读教学思考

《乡土中国》自诞生之日起到现在已经七十多年了，作为一部社科类学术著作，它具有独立的框架与独特的视角，体现出学术性、思想性、文学性的特点。将《乡土中国》作为高中必读的经典，可以让学生感受到语言文学中的文化多样性，深入了解中国乡村文化的特性，并通过文本研读提升其语文素养。然而在《乡土中国》整本书阅读教学过程中还存在诸多问题。本研究阐述了整本书阅读教学的内涵，分析《乡土中国》整本书阅读的教学价值，总结教学过程中存在的问题，并提出具体的改善建议。整本书阅读是指学生通过合适的方法阅读整本的经典著作或学术著作，并在阅读过程中个性化解读整本书中包含的各类文化信息、文本信息、作者信息等，再不断拓宽自身的思维，形成良好的语文语感，提升语文核心素养，丰富自身的精神世界。与单篇阅读教学相比，整本书阅读教学难度相对较大，教学周期长，深度与广度都更高，具体体现在以下几个方面。

首先，阅读内容存在差异。单篇阅读教学中主要侧重于在短篇的文章内提炼知识点，无论是语篇的思想还是主旨都仅限于单篇，而整本书阅读教学则需要老师引导学生全面概括，分析更长篇幅的文章，知识点繁杂且难度更大。因此这就需要教师自身具备极强的教学概括能力及知识提炼能力，才能实现由相对简单的单篇阅读向更复杂的整本书阅读的转变。其次，整本书阅读教学的周期相对更长。阅读整本书对于学生来说不但难度大，而且需要耗费更长的时间；对教师来说整本书阅读过程更复杂，需要合理安排教学活动，监测、评价学生的阅读过程等。在阅读方式上，单篇阅读在课堂上即可完成，整本书阅读却需要教师在课内讲授阅读方法，学生在课外运用阅读方法完成阅读，整本书阅读拓展了学生的阅读空间。最后，整本书阅读教学需要学生能够基于整体的角度对文本结构、内容进行理解、分析，需要通过层层递进构建整本书中各章

节之间的逻辑框架，以引导学生对整本书的内容形成更深刻的理解；而单篇阅读仅需了解故事概要，分析描写技巧等，主要教学重点是揣摩单篇文本中句意、主旨及作者情绪思想。

《乡土中国》中的理论和认知具有显著的逻辑性与创新性，语言论述科学严谨；且其不仅阐述了中国的国情与民风，还是作者文化自觉意识、人文关怀精神的体现。因此在高中语文教学中针对《乡土中国》进行整本书阅读教学具有重要价值，具体如下：

首先，学术价值。我国语文教学体系中，高中阶段学生鲜有接触学术著作的机会，通常只有部分学生在课外阅读中了解学术著作，课堂教学中很少通过专门的学术著作教学让学生理解文本的内涵价值与学术意义。《乡土中国》中费孝通先生对中国的乡土社会做出了细致解读，发表了精辟见解，并描述了当今社会中社会结构、社会组织的问题，学生通过整本书阅读可以了解学术类著作的逻辑结构、原著的学术思想，拓展文化视野，以专业学术的眼光进行思考。

其次，文化价值。高中生是未来社会主义建设的中坚力量，从这个角度看，他们对中国传统文化的理解、对社会组织的了解会对整个社会主义建设产生直接影响。《乡土中国》是我国乡土社会的缩影，是中国传统文化的重要传承，因此针对《乡土中国》开展整本书阅读具有显著的文化价值。通过《乡土中国》的阅读，学生可以从更严谨的学术角度理解中国乡村文化的精髓，并从中感受到新时代鲜活的生命力。于学生而言，《乡土中国》的文化价值不单单局限于文本方面，更在于其加深了学生对传统乡村社会的了解，强化了传统文化与现代社会的连接。

再次，语言价值。《乡土中国》主要采用学术语言，学生日常学习中接触文学语言的机会更多，接触专业性学术语言的机会相对较少。《乡土中国》作者将严谨缜密的逻辑融入通俗质朴的语言，文风庄谐并重，能够让学生更好地了解学术语言，加深对学术类文本的理解与掌握，不断扩容自身的语言系统，从而提升其语文学科核心素养。

最后，思维价值。《乡土中国》具有较强的思想性、科学性，文本中蕴含着严密的逻辑系统，学生通过文本阅读会直接感受到书中的思维方式，了解作者是如何通过人与空间的关系、人与人的关系来揭示中国的"乡土性"的；并且学生在对《乡土中国》进行整本书阅读时需要从整体的角度理解文本，关联书中前后知识，这个过程能够促进学生逻辑思维的形成与发展，引导其创造性地构建思维框架，形成独特的阅读体验。

（一）《乡土中国》整本书阅读教学存在的问题

虽然很多高中语文教师都能够意识到整本书阅读教学的重要意义，但《乡土中国》作为一门学术著作，在实际整本书阅读教学中出现了以下几个问题：

首先，学生对学术著作缺乏阅读兴趣。阅读兴趣是学生养成良好阅读习惯的内驱力，《乡土中国》的整本书阅读需要学生具备较强的阅读意志力、阅读定力。然而高中阶段学生学习压力相对较大，且与文学著作具有丰富的情节及个性化的人物相比，学术著作内容相对枯燥，因此学生对《乡土中国》的阅读兴趣相对较低，相当一部分学生对《乡土中国》的阅读态度比较随意。

其次，学生缺乏阅读《乡土中国》的方法。学生在建立了阅读兴趣后，还需掌握科学的阅读方法才能推动阅读进程，提高阅读效果。然而根据相关问卷调查可知，超过半数的学生并不了解整本书的阅读方法。学术著作的常用的阅读方法包括思维导图、批注式阅读、重点标注阅读等。阅读方法不科学，则无法保证阅读效果，并且也不利于维持学生的阅读兴趣。

最后，学生缺乏良好的阅读习惯。阅读能力是语文学科核心素养的重要组成部分，而良好的阅读习惯是提高学生阅读能力的重要方法。但是在实际教学中，高中阶段大部分学生都缺乏良好的阅读习惯，比如没有制定阅读计划的意识，或者制定了阅读计划但执行得不好。因为学术著作逻辑严密、语言准确，但阅读难度较高，学生阅读意志力薄弱会导致其无法坚持阅读。

（二）提高《乡土中国》整本书阅读教学效果的策略

1. 培养学生整本书阅读意识，激发学生阅读兴趣

首先，将《乡土中国》内容与以往知识建立紧密联系。比如在学习《乡土本色》《文字下乡》时，就可以将其与课文《少年闰土》《我爱这土地》联系在一起进行解读，新知识与旧知识的连接能够加深学生对文本的理解。其次，在《乡土中国》整本书阅读中利用多媒体技术激发学生的学习兴趣。在开始进行《乡土中国》的简介时，教师可以利用多媒体介绍本书作者费教通先生的生平，让学生了解本书的创作背景，为后续阅读做好准备。教学过程中同样可以利用多媒体技术呈现丰富的资源，帮助学生更好地理解文本，比如《无讼》这一章可以播放《秋菊打官司》，让学生结合所学内容进行思考：秋菊为什么放弃了诉讼？这种形式能够更好地激发学生的阅读热情，提高阅读效果。最后，开展多样化的阅读活动。《乡土中国》整本书阅读的课下教学会对学生的阅读效果产生直接影响，老师要有意识地设计多样化的阅读活动，激发学生在课下的阅读兴趣，比如组织读书交流会，让学生互相交流对本书的看法，或者针对书中某个有争议的观点展开辩论赛等。多样化的阅读活动能够为学生提供更多的表现机会，激发其阅读兴趣。

2. 优化阅读方法，积累阅读经验

对于高中生而言，他们对《乡土中国》这类学术著作的阅读经验相对较少，需要教师根据学术著作的特点加强对其阅读方法的指导，帮助其积累更多的阅读经验。

（1）阅读"素本"

所谓素本是指不带有阅读指导、练习题及旁批指要的版本。整本书阅读教学并未要求书目的版本，"素本"的《乡土中国》能够让学生以初次阅读的状态通过文本与作者进行对话，抛开已有的成说、先见，形成学生特有的自我解读，保留其更加真实的阅读感受，有利于学生自主阅读意识的形成。

（2）采用"先略后精"的阅读顺序

阅读文学类著作往往要根据情节发展，按照先后顺序读完整本书，而《乡土中国》这类学术著作则建议先做粗略的阅读，对整部书形成整体感知，然后再进行精读，深入理解其中的术语概念、复杂的逻辑推理层次等，通过理性的分析和阅读加深对文本的理解。而学生的理解也由浅入深分为不同的层次，浅层的理解是各章节的核心概念、相关术语，接下来尝试解读书中的学术观点和内容主旨，最后在此基础上理解文本的语言风格及逻辑思路，完成对整本书的精读。

（3）阅读批注

阅读过程中学生针对书中的内容进行批注，可以体现出学生对文本的分析与理解。针对《乡土中国》学生可以进行质疑性批注，思考作者的观点与现代的观点存在哪些冲突；也可以结合自身的生活经验进行联想式批注，与作者产生思想、情感上的共鸣；或者采用点评式批注，准确把握文本的内涵与主旨等。在做批注的过程中，帮助学生树立学术研究的意识，促进其知识的迁移与应用，并提高学生的阅读理解能力与语言鉴赏能力。

（4）撰写读书笔记

学生在整本书阅读中记录的读书笔记可以直观地体现出其对书本内容的理解，教师也可以通过读书笔记的反馈了解学生的实际情况。上述批注算是读书笔记的一种，除此以外还包括提纲式、图表式等。其中批注式读书笔记适用于略读阶段，主要用于标记核心概念；提纲式笔记则需要学生对整本书的主要内容、论点论据有整体性的把握，通过提纲式笔记梳理文章的框架，能够更好地体现出学生对文章的理解程度；图表式读书笔记则主要应用图形、表格整理书中的核心概念、知识要点等，通过直观的图表呈现出书中的结构层次及脉络框架。在实际阅读中教师可以引导学生根据自己的需要选择适用的读书笔记。

3. 加强阅读评价，做好阅读反馈

阅读评价能够帮助教师更好地了解学生实际的阅读情况，及时调整教学策略，以进一步改善整本书阅读教学效果。一方面，教师可以针对整本书阅读教学编制专门的阅读评价单，为每个学生建立阅读档案袋。

阅读评价单要以形成性评价理念为基础，以阅读档案袋的形式将学生在不同阶段阅读《乡土中国》的情况、成果记录下来；阅读档案袋可以让学生自己制作并自己记录阶段性的阅读成果，教师则可根据档案袋中记录的内容对学生的个性品质、精神态度等做出隐性评价。另一方面，《乡土中国》整本书阅读教学的评价主体要多元，以保证评价结构的客观性、公平性。教师可以在班上组织阅读小组，在学生之间构建阅读共同体，这种阅读小组的形式不但能够发挥学生的主观能动性，而且学生之间也可以互相评价、互相学习，基于学生的视角分析自身存在的问题。相比之下学生对于同伴的评价认可度更高，评价结果也具有一定的共性，能够反映出普遍的问题，对教师调整阅读任务具有一定的参考价值。

4. 学生自读为主教师指导为辅：双主体阅读拔高学生核心素养

学生作为学习的主体，也应该是《乡土中国》整本书阅读的主体，教师作为指导者应鼓励学生进行自主阅读。教师在阅读过程中应注重给学生教授阅读方法，例如略读、跳读、精读等方法。在教授阅读方法的基础上，教师还要结合合适的教育时机引导学生进行深度思考，鼓励学生积极参与到思维的提升和发展中，在欣赏文本之意的同时也要对相关概念敏感，促成知识积累。学生在自读过程中有深度思考，也会产生疑惑，此时教师需要就学生疑惑点进行指导，让教师的指导及时有必要，从而使学术著作阅读价值在师生双主题阅读互动中生成。

5. 教师帮助搭建阅读支架：促使学生抓住核心概念构建阅读图示

学术著作类文章专业术语运用多，晦涩难懂，对学生的阅读能力、理解能力都具有挑战性。所以，教师要视学生的阅读情况及时为学生搭建学习支架，助力学生进行深入阅读。如将每个章节的核心概念提取出来，根据相互关系共同绘制其中一个章节的思维导图，然后让学生做知识与方法的迁移，继续画出其他各章节的思维导图。当然不仅仅局限于指导学生做思维导图，也可以让学生根据文中结论推导现象，做问题归类图表来理解文章结构，加强学生迁移运用能力，教师也可提供任务、选题供学生选择。在这个过程中可以采用多种评价方式，让学生体验到成就感。

6. 定期总结，分享成果：促进学生自我实现

在阅读过程中我们总是无法绕开这样几个问题：这本书到底在谈什么？作者如何探讨这些问题？这本书的内容是否合理，合理成分有多少？这本书对我的价值如何？读完这本书能对我的生活带来什么改变？在阅读过程中不仅不能绕开这些问题，还要能回答这些问题。阅读《乡土中国》，要检测阅读结果，反思阅读实践，并总结学术类著作整本书阅读的方法，积累学术类文本的阅读经验，提升阅读与鉴赏能力，也可将《乡土中国》整本书成果在各类媒介和校园进行展览，以此来提高学生的阅读兴趣。

（三）《乡土中国》整本书阅读引入思路指导

学术著作，是指学者在某个学科领域内，根据科学实践撰写的、逻辑化表述科学知识的、并对该学科发展具有推动作用的专著。深入透彻的学术著作研究，可以培育学生的逻辑思维，为学术研究打好基础。统编高中语文必修教材首次选入《乡土中国》这本学术著作，然而抽象的观点、严谨的逻辑、严密的论证、平实的语言，使得学生难以走进学术著作类整本书。所以，学术著作类整本书的阅读引入极为重要。关于阅读的引入，教师可以从课外阅读、资料助学、检视阅读、概念与提问、关联阅读的思路开展阅读引入指导。

1. 课外阅读

新课标安排的整本书阅读课时是18课时，包括一部长篇小说和一本学术著作，一本学术著作的课时总量是9课时。8万多字的《乡土中国》，平均到每节课，学生每分钟需阅读200字。这种课时安排看似合理，却没有顾及学生理解消化的时间。正因如此，学习任务群要求整本书阅读以课外阅读为主。学生只有提前完成课外阅读，才能更好地学习这本学术著作。

《乡土中国》的课外阅读可在暑期完成。该阶段要求学生通读文本，做简单批注，圈点勾画出核心概念，对全书有大致了解并写读书笔记。为了监控并调控阅读进度，教师可以制定阅读计划表。

2. 资料助学

学生在课下搜集资料，在课上分享作者费孝通的生平事迹和写作背景等内容，以求更深入地把握学术著作。

例如：《乡土中国》写于20世纪40年代后期，最初是费孝通在西南联大和云南大学时所发表的14篇文章。该书涉及传统社会结构、权利、道德、法礼、血缘、地缘各个方面，较为全面地展示了中国乡土社会的面貌。作者基于田野调查的丰富积累，对中国乡村社会的主要特征进行了研究，尝试回答"中国基层乡土社会到底是怎样的社会"这个问题，对中国乡土社会研究具有开创意义。

3. 检视阅读

检视阅读可以简单分为两个子层次：系统的略读和粗浅的阅读。

系统的略读，可以通过看书名、目录、索引、出版介绍来完成。在阅读理论性较强的文章时，学生可以选择跳到与主题相关的章节来阅读。"最重要的是，不要忽略最后的两三页。就算最后有后记，一本书最后结尾的两三页也是不可忽视的。"

学生要留意自己能理解的部分，不要为了一些无法立即了解的东西停顿，甚至认为这本书无用，只需要读下去，从头到尾读一遍。粗浅的阅读后再重读，回头看之前略过的部分，可以增进对书中内容的理解。"好读书不求甚解"是粗浅阅读的真实写照。

4. 概念与提问

核心概念，可以帮助学生整体把握文章。每位同学需要整理书中出现的核心概念，寻找概念之间的联系，结合作者的论述和相关资料理解这些概念的含义。《乡土中国》各章节看似独立，然而前后相连。学生需要找到每篇文章的关键性语句并找出过渡句段，研究每篇文章的核心内容和它们之间的联系，理清文章脉络，绘制思维导图。学生依托所学经典和自身经历，研讨核心内容，跳出书本，拓展思维。

（1）文字使用板块——《文字下乡》《再论文字下乡》

第一，明确概念：礼俗社会、法理社会、面对面社群、借助文字的社会。第二，乡土社会是否需要文字？该问题可以引起学生对现实生活的思考和对乡土社会传统文化的关注。

（2）社会结构板块——《差序格局》《系维着私人的道德》

第一，明确概念：差序格局、团体格局、系维着私人的道德、团体道德。第二，依托经典，援疑质理：祥林嫂在别人忙于祝福时凄惨去世，是谁杀死了祥林嫂？

（3）传统感情板块——《家族》《男女有别》

第一，明确概念：小家族、家庭、男女有别、两性恋爱。第二，解读文化，深入理解：教师介绍中国传统的宗族知识，学生结合作者观点解释其文化特征。通过品析文本《孔雀东南飞》和电影《泰坦尼克号》，学生在对比中分析中西方男女关系的异同。

（4）宗法制度板块——《礼治秩序》《无讼》《无为政治》《长老统治》

第一，明确概念：礼治秩序、法治秩序、无讼、司法诉讼体系、无为政治、有为政治。第二，欣赏电影，发散思维：通过观看《秋菊打官司》，学生研讨"秋菊为什么执着地打官司？"

（5）社会变迁板块——《血缘和地缘》《名实的分离》《从欲望到需要》

第一，明确概念：血缘社会、地缘社会。第二，现象分析：联系文本，让学生谈谈当今中国乡村经济落后的原因，并提出针对性的建议。

5. 关联阅读

（1）活动联系

新课标强调："引导学生自主创建各类社团，开展各类语文学习活动，如读书交流、习作分享、辩论演说、诗歌朗诵、戏剧表演等。"学生可以围绕"中国乡村变迁"等主题开展调查，并在此基础上走进《乡土中国》，以寻找共通点。

（2）文本联系

学生可以在课下自主阅读与《乡土中国》主题相关的、易于理解的名家作品，再走入《乡土中国》。另外，费孝通的其他文章与该书也有或多或少的关联，学生可以自主阅读费孝通的《中华民族多元一体格局》等非本书的文章，以求获得相关阅读经验。教师要善于发现学生的独到见解并对其加以鼓励，同时要适时纠正学生认识上的偏差，引导学生深入思考。

课外阅读、资料助学、检视阅读、概念聚焦、关联阅读，便于学生走入学术著作类文本，引导学生掌握有效的读书法，提高学生的语文素养。

四、基于逆向设计的《乡土中国》整本书阅读教学设计

（一）教学设计的基本思路

逆向设计是由美国学者威金斯和麦克泰格提出的一种先确定预期的学习目标，接着确定评估证据，最后设计教学体验的教学模式。这一理论以学生的"学"为课程设计的起点，教师结合课程内容提出具体目标，以及证明目标达成的证据，种种的预期都考虑清楚后，再去设计学生具体的学习活动、教师的授课安排，切实突出学生的主体地位，将学生的"学"放在重要位置，与新课标教学理念不谋而合。"整本书阅读与研讨"是高中语文的学习任务群之一，它将阅读由单篇推向整本，由课内推向课外，呼唤学生主体身份的回归。这种整本书教学使习惯传统单篇教学的教师感到有些无从下手，而且不同于《红楼梦》这样的传统经典名著，教师对于《乡土中国》这本在语文教科书中首次出现的学术类专著，可能会产生更多疑问：阅读与研讨要达到什么样的效果？如何检验学生的学习效果？具体又应该怎么分配有限的课堂时间？针对上述问题，笔者结合温儒敏教授的观点，提出以下教学设计的基本思路。

1. 精简任务，优质达成

温儒敏教授提出书的"类型"决定"读法"。高中生主要是普通的非专业的阅读，因此教学的目的要落在充实知识、扩展眼界和提升素养上。教师不必精雕细刻地去讲，也不必布置过多活动和任务，教学任务指向学生完整的、自主的、有收获的阅读。教师需要做好的是教给学生读的方法，做好引导和监督工作，让学生坚持阅读，学会阅读，最好养成良好的读书习惯。学习包含输入和输出的过程，因此在学生读完后，要有适量的输出，既是对任务达成的检验方式，又给学生一定的表达空间。

2. 由粗入细，紧抓概念

虽然整本书阅读不求把每一处都读得透彻，但是学生在读的过程中应在脑海中形成对这本书的主体枝干的认识。对于《乡土中国》的阅读，学生应该有粗有细，由粗入细，对关键概念进行抓取与辨析，通过做批注、做思维导图等方法厘清文章脉络，把一本厚的书读薄，并通过小组成员间相互讨论、教师指导、交流汇报等方式，做到补充与完善认知。

3. 体会论证逻辑，学会现象分析

费孝通先生善于筛选案例材料为自己的论据进行客观论证，论证简洁有力而且有很强的问题意识，因此，阅读《乡土中国》可以对学生的写作起到启发作用。适量的写作练习是必要的，这种有益的模仿可以将学生的视野拉高到学术高度，并使学生学会如何发现问题、提出观点和论证自己的观点。

（二）基于逆向设计理论的教学设计

1. 教学目标——学生将学到什么

（1）了解阅读学术类著作的一般方法，构建阅读学术类书籍的经验；

（2）了解书中的主要内容，把握书中的知识体系；

（3）感受中国传统乡村生活风貌特点；

（4）积累论证知识，体会作者的论证逻辑；

（5）提高阅读鉴赏能力，激发阅读学术著作的兴趣。

2. 评价证据——对学习目标的完成进度进行检查

（1）定期检查阅读记录；

（2）每日完成阅读任务后到小组长处进行打卡；

（3）每章阅读完毕后制作该章的思维导图；

（4）课堂讨论：交流书中的哪些现象现在仍然存在或已经消失；

（5）课堂交流：前后整合复述重组作者观点，提出自己的看法；根据看过的乡村题材影视剧，尝试用《乡土中国》去说明剧中的三个乡村的特有现象及其原因；

（6）小组合作：通过查阅学术类文献的方式，探索城市中国的特性，每个成员提供一个不同的论点并给出论据，尝试合作论证城市中国具有哪些特性，这些特性为何会产生，小组共同整合完成后进行小组互评；

（7）在阶段性测试中将学术类文章纳入阅读题的文章选择范围中。

3. 教学活动设计

整本书阅读与研讨应分为阅读和研讨两个部分，依照教与学的体验顺序，设计以下教学活动：

（1）阅读导学：阅读整本书的课程导入，应该首先让学生们对该书形成整体印象，教师需要对作者、创作背景以及本书的学术价值进行简单的介绍，然后引导学生从书的封面、序言、目录和后记看起，最后教师提出明确的学习目标，传授给学生一定的阅读方法，使学生有目的、有方法地进行阅读。

（2）自主阅读：整本书阅读主要是学生利用课后时间完成，为了养成学生的阅读习惯和保证教学进度，可以采用任务驱动的方式，教师重在监督学生的阅读情况并为其提供指导，分阶段限期完成。首先是每位同学完成日阅读任务后到组长处进行打卡，打卡活动可以给坚持阅读的同学予以一定的正面反馈；其次是教师定期检查学生的阅读记录本，对学生明显有阅读困难和疑问的地方要及时予以指导；最后是对思维导图的检查，思维导图要在反复阅读和讨论中有一个完善的过程，达成对书本的完整认知。

（3）交流答疑：交流是提升学生思维广度和深度的有效方式。阅读交流分为小组交流和课堂交流两种形式：小组形式培养学生的合作能力，小组成员自行选择组织交流会，对作者的观点和自己的读后感进行梳理，同时每个小组观看一部乡村题材的影视剧，结合《乡土中国》来说明影视剧里的一些现象，最后汇总并在课堂上进行汇报。课堂交流又分两种：一是小组形式的汇报与学生互评，二是教师每周定时针对学生近期读过的内容给出探究性的问题让学生进行交流，比如作者是如何反驳乡下人的"愚"等。由于《乡土中国》的学术性强，学生阅读过程中遇到的疑惑与困难需要教师的指引，因此定时的课堂交流会中，需要教师及时提出学生在阅读中的问题，做到主动与学生对话，避免因阅读障碍而打击学生的阅读热情。

（4）尝试写作：最后阶段，学生在阅读《乡土中国》的基础上，学习其论证的逻辑和方法，并通过阅读其他的学术文献，尝试探索城市中国的特性。以小组为单位，每个成员提供一个不同的论点并给出论据，尝试以《乡土中国》的方式合作论证城市中国具有哪些特性，这些特性为何会产生，小组共同整合完成后以论文形式上交，评价方式为小组互评和教师评阅。这个综合性的任务属于拓展与延伸，教师应根据学情适当增减难度。

　　总之，《乡土中国》向读者展现了一幅幅极具中国特色的乡土图景，用社会学、文化学相结合的方式陈述了中国基层社会的情况，对于高中阶段的学生而言，阅读这类学术性著作有一定的困难。《乡土中国》的整本书阅读教学要充分认识到学生在阅读过程中存在的各类问题，比如阅读积极性不高、缺少有效的阅读方法及阅读指导等，在实际教学中要有意识地激发学生的阅读兴趣，优化阅读方法，帮助学生积累更丰富的阅读经验，并做好阅读评价，及时反馈阅读效果，不断提高《乡土中国》整本书阅读的教学效果，促进学生语文学科核心素养的提升。

第三节　导读设计与序言精读

　　阅读梳理费孝通，不禁要问：他的创造力为什么如此之盛？他通过社会学认识中国社会给我们的影响是集大成的，一方面反映了社会学的深刻和博大，另一方面，他最突出的是他并没有停留在社会学话语上，而是涉及了文化学、政治学、经济学、历史学，这是学术大家的表现。

一、导读设计

　　费孝通在《乡土中国》中建构了基于文化自觉思想的社会学方法论，这不仅是费老学术思想上的一次大飞跃，也是当前人类社会和谐发展提出的共同要求。上两代中国的知识分子一生都被困在有关中西文化的争论之中，我们今天也依然受困：在西方文化的强烈冲击下，现代中国人究竟能不能继续保持原有的文化认同？还是必须认同西方文化？重读《乡土中国》有助于我们从方法上解构中西文化争论的困境。

（一）发现社会：费孝通破解中西文化冲突

　　社会科学家费孝通先生，一生著述丰厚，《乡土中国》不过是他厚重积累中的一小叠字纸，但是，这本小册子却具产生了深远的影响。1948年初，当中国笼罩在内战的硝烟中时，《乡土中国》的小册子于上海出版，初版印发3000

册，不到1个月就销售一空，此后半年中，加印的《乡土中国》每月发售2000册，并使作者费孝通登上了美国《时代》周刊，他被称为"中国杰出的社会学教授和中国最深刻的政治评论家之一"。他为什么具有如此的殊荣？关键在于费孝通将文化与社会进行了折叠式考察。费老说："从社会学角度研究人的精神世界，要避免一种简单'还原论'的倾向，那就是试图把所有精神层次的现象和问题，都简单地用'非精神'的经济、政治、文化、心理等各种机制来解释。"他又说："在中国本土传统中，古代诸子百家的东西是我们认识中国社会的基础知识之一，不能忽视，特别是宋明理学的很多东西，非常值得重视。理学堪称中国文化的集大成者，实际上是探索中国人精神、心理和行为的一把不可多得的钥匙。"他试图去回答中国文化的存在以及其自身特质，就这一点，他已比同时代的中西文化论争者的认识更加深刻。《乡土中国》为我们提供了一个考察中国社会的文化根基的范式。按照韦伯的观点，文化认同是一种主观的信念，是以对族群的历史有主观的"共同的记忆"为前提的。无法抹杀的"共同记忆"会左右作者在文化认同中采取被动的态度。费孝通的意义在于从世界性的问题里寻找到中国文化的社会基因。

中国乡村社会到底如何发展？而这正是《乡土中国》中费孝通开宗明义所需要与诸位讨论的问题。文字下乡在何种前提下实现？正是从文字入手，费孝通发现中国社会的一个根本的底色：乡土性。他在乡土中发现中国社会和中国农村发展的一些规律。费孝通就乡土中国的内涵做了一个明确的界定："Earthbound China意为，'为土地所限制的中国'，后来我用'乡土'一词来指代Earthbound，就是指农业多、工业少、自给自足这个经济基础上产生的一套上层建筑而构成的一种社会文化。我后来又对这类文化进行分析，写了《乡土中国》一本小册子。那是向理论提高的企图。"正是从这段文字里，我们读到了费孝通《乡土中国》的问题意识和研究视角。费孝通要回答当时社会普遍关注但又不得其解的难题：如何认识和对待中国文化。

在文化领域一直都有这样的难题存在：一是对自己本民族文化的定位，二是民族文化和外来文化的关系。回顾中国文化的发展历程，不难发现两种截然相反的观点：一是主张接受西方文化，甚至全盘西化，以胡适等接受西方现代高等教育的学者为代表进而波及至今的"海龟派"；另一种则以钱穆等人为代表，坚守传统文化的精髓血脉，反对西方文化侵袭。在全球一体化的现实背景下，很多人力图创造第三条道路，即实现中国传统文化和西方文化或者说是外来文化的整合。如在中西之间点燃思想火焰的哲人贺麟先生认为："中国近百年来的危机，根本上是一个文化的危机。"他主张，要真正打通中西哲理，既不失自家文化、特别是儒家文脉的源头，又能深入西方哲学的根本，从方法上沟通两者，开出一番通古今之变，而成一家之言的哲理天地。费孝通先生文化自觉的观点可以说是对第三条道路的有益展开。费孝通"对整个人类的发展前途作出分析，提出设想，主张不但各美其美，而且要美人之美"。

费孝通成长的文化环境是滋养他文化生命的深厚营养。费孝通祖籍为江苏吴江（旧属苏州府），1910出生，2005年去世，其人生跨越了两个世纪、三个"朝代"。1936年他负笈英伦，师从人类学泰斗马林诺夫斯基，曾获国际应用人类学会马林诺夫斯基名誉奖和英国皇家人类学会赫胥黎奖章。费孝通幼年所上的不是传统意义上的私塾，而是接受了一部分西方思想的新式学校。从启蒙院开始，一直到燕京大学、清华研究院，虽然也讲求传统文化的继承，但是所受的教育无一例外地带有西方的色彩。因此，可以说，费孝通既受西式教育，又浸染于乡土志家学传统中，正如美国教授阿古什在《费孝通传》里面写的那样："费孝通与20世纪初期的大多数知识分子不同，他从感情上并不否定中国文化。他是在不背弃他小时所受的传统教育的情况下，没有遇到什么困难就获得西方知识的。他不属于参加五四运动的一代，但他继承了五四新文化运动的传统，他自然而然地接受了反封建思想。"与其他留学国外的学生不同，费孝通内心并没有因为接受了西方的思想就完全排斥中国的文化。在很多留学生认为中国文化落后，因而不愿意回国，或者是对中国的情况不加了解就否定，甚至不讲中文的时候，费孝通仍然对中国文化保有一种乡土情结，这似乎得益于他所受的新式教育。费孝通在《社会学的探索》中讲到过这一段心路历程。他到英国伦敦经济学院人类学系学习，在一次与老师的交谈中谈到在家乡的调查，老师说好，你把农村的材料分析一下，写成一篇论文。当时，费孝通就想，为什么他要研究这个东西呢？因为过去很多研究社会人类学的人，大都研究殖民地中的各民族，特别是英国有殖民地，它要统治这些地方，就要了解它们的情况。这些地方比较落后，民族比较原始，人口比较少，生活水平比较低，社会结构比较简单。

《乡土中国》所透露的正是他的这种对本民族文化的认识，或者说是对传统文化的社会学层面的解析。从《文字下乡》到《再论文字下乡》，都是在谈论民族历史、文化对个人根深蒂固的影响。费孝通也在不自觉地运用着中国文化里有助于思考的丰富的观念和范畴。毋庸置疑这中间受到深谙国学的潘光旦先生的影响。潘光旦对孔庙大成殿上的匾额文字"中和位育"四字的不断引述，也在影响着费孝通自身的思考，可以说，"致中和"的儒家理想作为一种深度的心理表征已经嵌入到了费孝通的思考框架之中。费孝通在晚年一直提醒社会学家们要跨越事实的层面，去到更加超越的层面上做"神游冥想"。由这种反思式的冥想，费孝通参悟到了"和而不同"的文化自觉的理念，帮助今天的中国社会学家找回来一种学科的认同与自信，而由此发展到对其他文化的欣赏，到对自我文化的赞美，人的存在的差异性在一个"和"字之下得到了一种整体性的弥合，这样一种由分而合的文化观念是西方近代社会发展以来所一直没有能力发展出来的。费孝通提出的"各美其美，美人与美，美美与共，天下大同"的文化自觉思考在一定意义上弥补了自己年轻时代起便孜孜以求的西学的分析传统，这一点也许是费孝通一生思想中最值得指出的。

所以说《乡土中国》是与韦伯的《宗教伦理与资本主义精神》可以媲美的，它们都在探讨与之相匹配的社会道德——这本质上是一个韦伯式的现代化命题。费孝通晚年对《乡土中国》有了一些新的思考，认为中国文化比"乡土社会"要复杂得多，并重申"文化自觉"的命题，对知识分子寄予了深切的期望。

（二）深入农村：费孝通解读中国社会大历史

如果说《江村经济》是费孝通认识农村的开篇，"我自己虽则不是农民，但我同情农民的生活"，《中国士绅》则是他解读中国农村为什么发展的又一个不可或缺的主体。《乡土中国》是他的理论框架"农户–士绅"互动下的中国乡村的结晶。在《乡土中国》一书中，费孝通先生从普通乡下人的土气入笔，一反常人对土气这个词的藐视，称赞"土"字用得精当，因为中国传统社会的小农经济依靠的正是土地。也正是因为有了土地的滋养，才有了"面朝黄土背朝天"的传统农业，才有了聚村而居、与世无争的传统生活，才有了中国人生生不息的传统文化根源。乡土社会的本质不是别的，正是这种"土气"。此等的精辟见地，如果没有一种流淌在灵魂深处的传统文化意识以及乡土中国情结，恐怕是很难抒发出来的。《江村经济》与《乡土中国》之关系这条线索，贯穿了费孝通大半生对社会改革的种种设想。

《乡土中国》的写作背景还包含着费孝通与社会史的对话，而这个对话在他进行江村研究的时候已经开始了。费孝通构建乡土伦理体系的努力是从社会基层逐渐展开的，不过，它直指的是社会精神的延续性，而非唯物史。

（三）超越乡土：费孝通成就社会学想象力

美国著名学者米尔斯在《社会学想象力》中提出，该书的目的在于"确立社会科学对于我们时代的文化使命所具有的文化涵义"。讨论中国当下遭遇的种种问题，尤其是农村社会发展问题，如果再深入一些，就免不了要追根溯源：中国社会曾经是何种面目？现在是什么模样？变迁如何进行？对于这些问题的讨论，都可以延伸到当代的诸多领域，以助我们理清脉络。费孝通的文化自觉方法论构筑了他用生命、思想和乡土共同凝结的传奇人生。

费孝通实现了三个超越：首先，超越新儒家，认识社会。真正构建费孝通与儒家传统之联系的很可能就是他们共同面对的那个农耕社会，那个乡土，所有的知识都是社会的，为了社会的生存，所有的适应必须是具体的和地方的，不可能存在独立于社会生活需求的知识。必须在中国经济社会发展的前提下讨论中国文化的复兴、发展和贡献。他创造了儒家思想论战的新对手，因此也造就了儒家思想同其他文明对话的更大空间和可能。他颠覆了通过文化启蒙而改造社会的幻想，提出必然要先改变生产方式，否则无法改变乡土中国。他在探寻改造中国的新出路。

其次，超越文化，寻找共识。对文化的自觉认识是近代有为知识分子的自觉探索，但如何走出这种困境，并没有一个标准的答案。大家如果有时间翻检民国启蒙知识分子对文化的争论就会体会到这一点。费孝通一生只是强调富民，不奢谈狭义的文化，他始终是一个文化的功能主义者、文化建构主义者。费孝通一生的学术之路是从研究农民、乡土中国开始的。在那片土壤上，他脚踏实地地观察和分析。因为深入社会而了解乡土结构的共同性，他获得了一种理解，人类学终究是一种对于人所居住于其中的文化的理解。"各美其美，美人之美，美美与共，天下大同"，这种文化理解超越了一个地方社会的结构性限制，使人们保持一种共同性的认同。

再次，超越方法，重知行合一。对人的关怀，对制度的分析，他的功能主义假定都是理性的经济人和社会人，他们都在追求自我利益和自我直接相关的人的利益，重视道德，也承认礼和礼治社会的功用。他的最高理想和最低理想是人类的和平和安定，是每个人都能过比较富裕的生活，与其他人共存共荣。我们不难看出只有思想与方法的结合才是原创的催化剂。而这些理论方法的中国特色也造就了世界社会学发展史上的中国学派。这是当今学者应当认真学习的地方。社会关怀不只是关切之情，还是一种参与，最简易最便捷的途径就是为社会服务。费孝通开启了中国学术的社会使命感，他在重五伦的同时，发展了第六伦，即关注公德、社会和团体。他想的是大问题，想的是民生。重知行合一，社会学要到社会中去学，这比光掌握研究方法更重要，因为社会学的本源不是在社会学概论中，而是在社会里。费孝通受到了芝加哥社会学派创始人帕克推崇实地田野调查的影响，他深知，中国社会学的基础在于真正了解农民，了解农民的社会生态结构，这样也就了解了中国。费孝通的乡土情结其实并不仅仅体现在进行农村田野调研这一环节，事实上，为中国的农民找一条出路，"志在富民"——才是他治学之苦苦追寻所在。他在用社会学家的眼光来发现、思考农民摆脱贫困的办法。在他70多年的学术生涯中，他游学东西，求证南北，倾注了他一生的关注民生的治学理念。因此，才有了他三访温州、三访民权、四访贵州、五上瑶山、六访河南、七访山东、八访甘肃、27次踏访家乡江村等传奇。费孝通始终认为，"用文字来写作是文明时代一个社会成员参与集体生活时代应有的一种自主和自由的行动"。在这些文字里，他抒写了知行合一的社会责任、小城镇建设、区域发展和文化自觉理论，在知与行的统一中，在文化自觉的理论创新中，成为永远的费孝通。

《乡土中国》是费孝通先生20世纪40年代的一部社会学著作，按照《普通高中语文新课标（2017年版）》对"整本书阅读"的描述，它属于学术类著作。课程标准要求学生"在指定范围内选择阅读一部学术著作"，并由此"建构整本书阅读经验与方法"。我们选择这本书指导学生开展学术类著作整本书阅读，不仅因为它有助于学生了解社会学的相关知识，获得学术类著作的阅读经验，还因为它能帮助学生认清传统中国社会结构，能指导学生调整处世态度，以便学生更好地融入社会。

二、序言精读

（一）文本类型、阅读价值

《乡土中国》是费孝通先生20世纪40年代的一部社会学著作，按照《普通高中语文新课标（2017年版）》对"整本书阅读"的描述，它属于学术类著作。课程标准要求学生"在指定范围内选择阅读一部学术著作"，并由此"建构整本书阅读经验与方法"。

我们开展学术类著作整本书阅读，不仅因为它有助于我们了解社会学的相关知识，获得学术类著作的阅读经验，还因为它能帮助我们认清传统中国社会结构，能帮助我们调整处世态度，以便更好地融入社会。

"新课标新语文新学习"丛书之一《开卷有益》将整本书阅读方法分解成五大类。理解性阅读以学习、接受、认同为基本阅读姿态，其目的是为了系统地接受新知识，并建构某种知识。《乡土中国》之类堪称经典的学术著作，凝聚了一流学者的智慧，有翔实的考证和严密的推断，适宜用理解性、接受性阅读方法指导学生阅读。我们阅读《乡土中国》时，要把"如何理解书中概念，如何理解作者观念，如何理解全书结构，如何理解该书写法，如何理解该书的现实意义"作为关键。

（二）阅读方法指导

1. 阅读的步骤

第一步：浏览序言和目录从总体上来了解全书。

《乡土中国》序言：

"我敢于在讲台上把自己知道不成熟的想法，和盘托出在青年人的面前，那是因为我认为这是一个比较好的教育方法。我并不认为教师的任务是在传授已有的知识，这些学生们自己可以从书本上去学习，而主要是在引导学生敢于向未知的领域进军。作为教师的人就得带个头。至于攻关的结果是否获得了可靠的知识，那是另一个问题。"

第二步：略读。

略读就是快速阅读，了解每一章的内容大意，略读每一章的核心概念与主要观点，大致理解书中重要观点。

第三步：精读。

精读就是认真反复阅读，逐字逐句地进行深入钻研，借助批注的方式记录下自己的心得体悟，可以借助回答教材中的阅读导引来检测自己对相关概念的理解是否到位，借助书本每一章前的文本梳理勾连章节与章节之间的关系。

第四步：研读。

研读就是在通读完全书，并精读过部分章节后，对在阅读中发现的问题进行反复阅读和思考。这些问题可以是结合自己的阅读经验和生活经验提出的问题，也可以是参考教材后面附加的问题，以小组合作的方式进行搜集资料、讨论展示。

2. 阅读的方法

（1）学会概括

举例：作者把中国社会的基层定义为乡土性的，请圈出"乡土性"特点的语句，概括其特色。提示："乡土性"有三方面特点：其一，"乡下人离不了泥土"。乡下人以种地为最普通的谋生方法，因而也最明白泥土的可贵。其二，不流动性。"土气是因为不流动而发生的"。其三，熟人社会。"这是一个'熟悉'的社会，没有陌生人的社会"。乡土社会的这种人口流动缓慢的特点使乡村生活很富于"地方性"特点，聚村而居，终老是乡。所以，乡土社会是个熟人之间的社会，这才有了"从心所欲不逾矩"的自由。学会梳理：用思维导图呈现各章节每段之间的关系。

（2）分章解读

第一章：乡土本色

这"乡土性"带有三方面特点：其一，"乡下人离不了泥土"。乡下人以种地为最普通的谋生方法，因而也最明白泥土的可贵。其二，不流动性。靠农业谋生的人是"粘在土地上的"，并不是说乡村人口是固定的，而是说在人与空间的关系上是不流动的，安土重迁，各自保持着孤立与隔膜。其三，熟人社会。乡土社会的这种人口流动缓慢的特点使乡村生活很富于"地方性"特点，聚村而居，终老是乡。所以，乡土社会是个熟人之间的社会，这才有了"从心所欲不逾矩"的自由。本章描述了中国社会的基础，同时也是全书的基础，后文差序格局、礼俗社会之根源，都在于此"乡土性"。

第二、三章：文字下乡、再论文字下乡

这两章得出结论——乡土社会不用文字绝不能说是"愚"的表现。文字是人和人传情达意的过程中受到阻隔的产物，但在乡土社会中，"面对面的往来是直接接触，为什么舍弃比较完善的语言而采用文字呢？"其实，还有更多的不需要声音和文字参与的"特殊语言"可用来作为象征的原料，如表情、动作等，它们比语言更有效。"所以在乡土社会中，不但文字是多余的，连说话都不是传达情意的唯一象征体系。"乡土社会是一个很安定的社会，一个人所需的记忆范围本来就很狭窄；而同一生活方式的反复重演，也使得语言足够传递世代间的经验而无需文字。

（三）总结分析

第一，乡土社会的局限。首先，受土地的束缚，从而有地方性，在地域受限制，产生了生活隔离。其次，熟人社会及礼俗社会，规矩不是法律，对信用的重视高于契约，故而进入陌生人社会，乡土社会所养成的生活方式产生了流弊。

第二、三篇的联系。《乡土本色》是全书的总论，《文字下乡》说的是传情达意的空间之隔，《再论文字下乡》说的是时间之隔，包括个人的今昔之隔和社会的世代之隔。由于乡土社会是一个很安定的社会，一个人所需的记忆范围本来就很狭窄，而同一生活方式的反复重演，也使得语言足够传递世代的经验而无需文字。

（四）基于序言设计整本书阅读策略

《乡土中国》整本书教学是教改后新添加的内容，对教师提出了更高的要求。笔者在前期的备课阶段准备不够充分，这有自己对较专业的学术著作理解能力欠缺的原因，也有付出的时间不够多的原因。在教学过程中，也发现了很多问题，虽然做了教学调整，但效果欠佳。加之学生基础薄弱，文本内容与学生生活相去甚远，更使教学难上加难。总之，第一次《乡土中国》的教学虽然只是探路阶段，但还是为以后的教学积累了经验。

1. 根据学情设计阅读规划

本次阅读活动面向高二年级学生，这一阶段的学生对社会现象、生活常识已有一定的感性经验，但尚无从感性经验中提取抽象理性认识的能力与自觉；缺乏阅读学术类著作的经验，思辨能力较弱，难以理解书本的逻辑结构；与《乡土中国》所描写的社会阶层与时代背景有天然隔膜，缺乏理解的欲望。针对教材和学情，将目标设定为：①激发学生阅读《乡土中国》的兴趣；②让学生了解《乡土中国》的作者、成书背景、框架架构与价值所在；③指导学生掌握阅读方法；④确定阅读计划。

针对课堂教学内容，于课前三天发放预学案，让学生完成相关问题，激活其阅读兴趣。

第一，在引导学生阅读整本书之前，教师要深入阅读和思考，广泛收集与《乡土中国》有关的文献资料、影像视频等进行细致的学习与研究，形成自己对《乡土中国》的理解和思考。这样在指导学生阅读时才能具有针对性和有效性。如果我们教师没有细致深入的研究，对文章没有宏观的把握和详尽的了解，就很难指导学生进行有效的阅读。所以教师必须作为阅读的先行者，而不是泛泛地要求学生每天完成几章的阅读，然后简单地设置几个问题草草完事。

第二，阅读整本书，还需要时间的保障。现在的高中生学业负担很重，每天的自习时间和零星时间十分有限，而这些时间学生大部分用于完成作业，很难再抽出时间进行阅读。因此我们必须积极地向学校或年级为学生争取阅读的时间，每周有固定的阅读课，这样才能有效地保障阅读质量。

第三，兴趣激发。阅读兴趣是调动学生参与阅读的重要手段，也是阅读教学有效展开的重要保障。学生只要具有了阅读兴趣，就能够自觉主动找时间阅读，并进行深刻的思考。我们可以列举现实中的一些生活现象，让学生在书中寻找答案，这样学生与书的距离拉近了，学生也会认识到阅读在自己的学习生活的重要作用。

我们通过设置问题来激发学生兴趣，如：

为什么我们的古人那么重视"衣锦还乡"和"落叶归根"？

为什么现在很多年轻人在城里买了房子，安了家，但是他们的父母还是喜欢住在农村？

为什么在国外一到节日，人们大多选择旅游度假，而我们中国选择回家探亲？

为什么我们中国人喜欢问对方的年龄、家乡、工作等问题，而这些问题在国外往往却被认为是个人的隐私？

我们也通过让学生观看视频资料，了解《乡土中国》的思想意义和学术价值，激发学生的阅读兴趣。如我们下载了《读书·乡土中国》《特别呈现》费孝通第一集、第二集，《静读·乡土中国》（上下）、《乡土中国》（中国结婚为何要门当户对）等，在学习时适时播放。

第四，任务驱动。设置阅读任务是指导学生在阅读中准确把握阅读重点，调动学生深入思考的必要手段。阅读任务往往是以回答问题的形式出现的。

在阅读每一章节时，我们教师要依据《高中语文新课标》，重点关注语文学科的核心素养，从"语言建构与运用""思维发展与提升""审美鉴赏与创造""文化传承与理解"等四个维度命制题目，题目既有对文章内容深度理解，又要密切联系现实，让学生体会到阅读对解决现实问题的积极作用。于是我们可以采取阅读打卡、任务驱动的方式进行阅读指导。

如指导阅读《乡村本色》这一章节时，我们设置了下列问题作为阅读的任务。

费孝通先生在文章开头第一段说"中国社会是乡土性的"，请通读文章，概括出"乡土性"的具体表现是什么？

在《乡土中国》第一章中费孝通先生用了什么论证方法？试举例说明。

在《乡土中国》第一章中费孝通先生认为我国农民聚村而居的原因是什么？试据此论证我国现阶段城镇化政策实施的可行性。

这一点主要是指在阅读开始前，教师可以结合不同学生的阅读能力基础层次设置不同的阅读任务，或者教师结合《乡土中国》图书的内部结构特征和内容体系特征对不同阶段的阅读任务量和任务内容进行规划，提出不同的问题，让学生带着具体的问题展开与调度。例如：我国的乡村整体面貌有什么特征？你觉得《乡土中国》对于社会研究有什么价值？在结合问题提出宏观上的阅读学习任务分配方案后，教师再进一步结合不同学生的阅读能力和进度，为其制定阶段性的阅读任务表，或者由学生结合自己的实际在小组讨论后自行设置阶段性任务。

第五，分享展示。分享在一定意义上就是对成果的肯定，通过分享学生能够学习到彼此的优点，能够较快地提升自我的研究能力。因此要定期集中展示学生的阅读成果，可以是对设置问题的有效、全面、深刻的分析，也可以是对某一问题的学术性小论文，让学生在收获中体验学者发现问题、探索解决问题的路径，以及陈述学术见解的思维过程和表述方式。

还有一些教学方法我认为也非常有效，例如做思维导图，可以很好地帮助学生理清思路；例如古今对照，观照当下生活的"不变"与"变"，是《乡土中国》这本书最大的现实意义，也应该是学生思考探究的重点；例如概念对比、论证手法分析等。

2. 阅读技巧指导

（1）进度框架

由于整本书阅读的整体阅读学习量较大，因此，首先从宏观的角度入手制定一个合理的阅读进度框架是非常重要的。为了提升阅读框架制定的合理性，教师除了在阅读开展前对不同的章节标题之间的内容和相互关系进行了解之外，还应当对作者所处的创作背景以及写作动机进行介绍，让学生在阅读开展前对整本书的脉络和结构有一个整体性的了解，为提升后续的整体阅读效果提供帮助。

在具体的框架式阅读方式运用时，教师可采取以章节为单位进行整体总结分析或者列出阅读提纲的方式，引导学生结合个人的兴趣和理解能力列出具有个性化的阅读侧重点提纲，并且监督和指导学生按照提纲逐步完成各个阶段的阅读任务，随后再由教师组织大家基于阅读感受进行共同分享和探讨。

（2）基于理解核心概念开展阅读

核心概念对学术著作的理解发挥着非常重要的作用，且从实际出发观察可知，核心概念的理解在学术文章中不仅整体的占比量大，对高中阶段的学生来讲也具有一定的理解难度，教师应当针对不同章节中阻碍学生理解全文的核心概念进行针对性的讲解和分析，尤其是对本身的含义比较接近的词汇而言，教师更应当积极通过对比分析的方法帮助学生更好地理解相应的概念。必要时还可以列举一些例句，将词汇放在例句中进行讲解，便于学生的学习和理解。例如，"差序格局"就属于专业性和学术性非常强的一个词汇，教师在讲解时比较适宜的方式是从生活现实中挖掘实例向学生讲解这一名词的概念，扫清学生理解全书的障碍。

（3）基于深度思考与写作训练开展阅读

深度思考与写作教学的开展对于取得更高层次的阅读教学效果具有重要作用。当学生具备了理解著作基本内容的能力，并且对书本的整体内容结构和基本内涵有了一个初步的认知后，教师应当进一步加大阅读学习的难度，鼓励学生结合自身的阅读感受，从书本阅读的客观理论知识学习价值以及主观上对学生自身学习能力和支持储备丰富的实际价值出发，对《乡土中国》的阅读提出相应的问题思考，让学生回归到个人的生活环境和阅读学习需求上来分析这本书的阅读所具备的意义和价值。并且启发学生灵活的个人思维，让学生通过创新应用的方式尝试模仿作者的写作手法和思路进行同类主题的写作训练。这实际上是对整本阅读方法应用中的一种拓展和提升。例如，可将农村风貌描写、传统文化观察描写、乡村管理方法设置为拓展写作训练的主题，让学生结合个人的兴趣选择相应的主题尝试写作，实现阅读和写作在教育教学工作中的结合，充分发挥出读写结合教学模式的优势，在整本书阅读的过程中挖掘出更加具有思想引领价值和实践引导价值的素材和资源。

《乡土中国》是一本学术性著作，在高中阶段的阅读教学中引入这一作品具有一定的难度，需要教师在教育教学的组织方式和教学思路上实现创新和完善，并结合学生实际需求和基础情况组织引导学生开展相应的阅读教学活动。切实通过合理地组织实施，充分发挥出《乡土中国》整本阅读在高中阶段语文阅读教学中提升学生阅读能力水平的作用。

第八章 《红楼梦》整本书阅读指导

第一节 曹雪芹与红学研究文化背景

曹雪芹是《红楼梦》的作者，亦是我国古典小说的知名创作者。关于红楼梦的研究已经形成了一个经典的领域，叫作红学。

一、曹雪芹简介

曹雪芹（约1715—1763，一说1764），清朝小说家。名霑，字梦阮，号雪芹、芹圃、芹溪。既能诗，又善画石，但作品流传绝少。自曾祖起，三代任江宁织造，其祖曹寅尤为康熙帝所信用。雍正初年，在统治阶级内部政治斗争的牵连下，曹雪芹家受到重大打击，其父免职，产业被抄，遂随家迁居北京。他早年经历了一段封建大官僚地主家庭的繁华生活，后因家道衰落，趋于艰困。晚期居北京西郊，贫病而卒，年未及五十。他性情高傲，嗜酒健谈，具有深厚的文化修养和卓越的艺术才能。他生活在我国已有资本主义萌芽的封建末世，在其后期又有机会接触下层人民，因而对当时社会阶级斗争和思想斗争有较具体的感受，看到统治阶级的腐朽凶残和内部的分崩离析，曾用10年时间从事《石头记》（即《红楼梦》）的创作。

二、曹雪芹文艺思想

曹雪芹是我国18世纪现实主义的艺术大师，他的《红楼梦》是一部不朽的文学巨著。作者不但运用现实主义原则创作了《红楼梦》，而且在文艺理论方面，也提出了卓越的见解，达到了当时文艺理论所能达到的最高水平。我们通过《红楼梦》中有关文学创作方面的叙述和人物对话，联系曹雪芹的创作实践，初步探讨一下他的文艺思想。

（一）反对"假拟"，主张写"真"

文学艺术应该从生活出发，反映生活的真实，在我国文学史上，批评有着悠久的历史传统。曹雪芹正是继承了这些进步的现实主义的创作理论，进一步提出了写"真"，反对"假拟妄称"的创作主张，这一主张是作者文艺理论的核心部分，也是他创作《红楼梦》的主要指导思想。

作者在开卷第一回便写道："我想，历来野史，皆蹈一辙，莫如我这不借此套者反倒新奇别致，不过只取其事体情理罢了"，并说"竟不如我半世亲睹亲闻的这几个女子，虽不敢说强似前代所有书中之人，但事迹原委亦可以消愁破闷，也有几首歪诗熟词可以喷饭供酒；至若离合悲欢，兴衰际遇，则又追踪蹑迹，不敢稍加穿凿，徒为哄人之目而反失其真传者。……虽其中大旨谈情，亦不过实录其事，又非假拟妄称，一味淫邀艳约、私订偷盟之可比。"由此可见，曹雪芹写《红楼梦》是有意识地突破传统的束缚，真实地反映社会生活，反对脱离社会生活的实际而凭空捏造。作者在写到贾政父子关于稻香村的一场争论时指出：在一个侈丽豪华、富贵典雅的大观园中，突然建造一个小小的农舍，是多么造作，又是何等的不协调！宝玉就是因为它不合于"自然之理""天然图画"而加以否定的。在作者看来，一切文学艺术只有符合"真"和"自然之理""天然图画"才是美的，因此要求一切文学艺术都应该再现现实，符合社会生活的真实情况。反之，那些"假拟妄称""编的连影儿也没有"的文艺作品，作者则是一概反对并加以唾弃的。

文学艺术的真实性是通过艺术形象体现出来的，因此艺术形象必须是具体的、感性的。没有艺术形象的具体性，便没有艺术。就小说而论，艺术形象的具体性主要是靠大量的细节描绘来表现的。它可以挖掘人物的内心世界，塑造典型形象，从而把错综复杂、千变万化的生活如实地、生动地、令人信服地再现出来。但曹雪芹以前的文学家还不能明确地解决这一创作上的具体问题，他们一般是追求故事的离奇和粗线条勾勒人物，这就大大影响了文艺创作反映生活的深刻性与复杂性，因而作家不能不探讨如何在创作中更逼真、更具体、更深刻、更细致地反映社会生活以及人与人之间错综复杂的关系问题。曹雪芹意识到只有细节描写才能把各种各样人物的"真情"表现出来，才能更真实细腻地反映生活。曹雪芹觉得前代文学中所塑造的人物形象"不过传其大概"，他主张通过大量日常生活中的"一饮一食"和"更加琐碎细腻"的细节来塑造人物,从而反映生活的真实面目。的确,在《红楼梦》中惊心动魄的政治事件并不多,作者几乎全靠人物在日常生活中的活动、对话和大量的细节描写塑造了几十个性格鲜明、个性突出的人物形象。曹雪芹真不愧是一个细节描绘的艺术巨匠!

仅仅局限于大量细节的写真,而不通过典型化的手法,它只能反映客观事物的表面真实,而不能概括地反映事物本质的真实——即社会生活发展的规律性。曹雪芹在主张写"真"的同时,他还特别强调"按事体情理"的发展反映生活,进行创作。这句话很重要,他告诉人们,所谓真实地反映生活,绝不是肤浅的表面现象的真实,而是指内在的本质的真实。这意味着作者主张在大量而平凡的生活现象中,要有选择、加工、提炼、概括和创造的过程——即我们常说的典型化的过程。这一原则,在书中写到宝钗论画时表述得最清楚。她说:"如今画这园子,非离了肚子里有几幅邱壑似的,如何成得。这园子却是像画儿一般,山石树木,楼阁房屋,远近疏密,也不多,也不少,恰恰的是这样。你就照样儿往纸上一画,是必不能讨好的。"必须"该多该少,分主分宾,该添的要添,该减的要减,该藏的要藏,该露的要露","安插人物,也要有疏密,有高低"。即便起了稿子,还应该反复斟酌修改,加工润色,而要画好这幅画,事先还得有艺术构思、胸有成竹和一定的艺术修养。这段话既概括又具体地说明现实生活本身提供了创作的基础,但是比葫芦画瓢、照抄照搬是断然创作不出好作品的,必须在这个基础之上通过作家的形象构思和艺术加工,才能准确地再现生活和自然的本来面目。由此我们也可以进一步看出曹雪芹反对"假拟妄称",绝不是不要虚构,他所反对的是脱离真实生活而毫无根据的凭空捏造、胡编乱诌。作者主张写"真",也绝不是像某些人所讲的,《红楼梦》就是曹雪芹的自传,里面所写的全都是某人某事。曹雪芹倘若如此,岂不和自己所主张的这一创作原则完全背道而驰了吗?

（二）破除"陈腐旧套",重视优秀传统

在当时,曹雪芹已认识到"市井俗人喜看治理之书者甚少,爱看适趣闲文者特多"。因此他对小说戏曲特别重视,提倡写小说戏曲"令世人换新眼目",适应社会生活的需要。要创作就必须有借鉴,要借鉴就必须继承前代的文学遗产,只有在批判继承前人成果的基础上才能创造出超越前人的文学艺术。在我国两千多年浩如烟海的古代文学遗产中，良莠杂生，金沙并存，对其加以分析鉴定，决定剔除什么，继承什么，是非常艰巨的一项工作。

曹雪芹绝不反对优秀的文学遗产，他对于《西厢记》《牡丹亭》和《山门》等文艺作品则是推崇备至、赞不绝口。《红楼梦》第二十三回的题目是"西厢记妙词通戏语，牡丹亭艳曲警芳心"。我们看作者是怎样描述的吧。宝玉给黛玉介绍《西厢记》时说道："真真这是好文章。你要看了，连饭也不想吃呢。"果然，黛玉"从头看去，越看越爱。不顿饭工夫，将十六出俱已看完，自觉词藻警人，余香满口。虽看完了书，却只管出神，心内还默默记词。宝玉笑道：'妹妹，你说好不好？'林黛玉笑道：'果然有趣'。"黛玉平时不爱看戏听曲，但是偶然听到《牡丹亭·惊梦》一折中的"原来姹紫嫣红开遍，似这般都付于断井颓垣""良辰美景奈何天，赏心乐事谁家院"等词句，"不觉点头自叹，心下自思道：'原来戏上也有好文章。可惜世人只知看戏，未必能领略这其中的趣味。'"从表面看，《西厢记》和《牡丹亭》写的也是"郎才女貌""才子佳人"，但是他对这两本戏文，为什么如此推崇备至呢？其主要原因就在于《西厢记》塑造了崔莺莺，《牡丹亭》塑造了杜丽娘，两个女主人公大胆地冲破封建阶级的精神枷锁，追求自己的理想生活，都是封建婚姻制度的叛逆者。另一方面这两部书都写了"情"。《西厢记》面向封建阶级统治下青年男女提出了"愿天下有情的都成了眷属"。汤显祖在《牡丹亭》题词中称赞杜丽娘："天下女子有情，宁有如杜丽娘者乎！"曹雪芹也是主张写爱情的，《红楼梦》就是以宝玉黛玉生死不渝的爱情故事为中心，展开了这幅长长的巨幅画卷。他所反对的只是那些"千部共出一套""自相矛盾不大近情理"和那些"偷香窃玉，暗约私奔"，"并不将儿女之情发泄一二"的"陈腐旧套"而已。对于确从现实生活出发，写了青年男女的"真情"，具有反封建的叛逆思想的作品，曹雪芹不但不把它们视为"才子佳人"而一笔带过，还给予它们明确的肯定和高度的赞赏。

（三）反对摹仿，提倡创新

在明清文坛上，各种文体摹仿之风比较盛行，诗词等旧体文学更为严重。一般文人取舍不同，于是形成"尊唐"和"尚宋"两大流派。他们写诗填词不是有感而发，而是在诗词之中填书塞典，一字一句自注来历，以显示自己的才学。所以诗人虽多，作品也不少，但就其思想性和艺术性讲却平庸无奇。由于摹仿之风盛行，明代就有人提出文学应有时代性和作家个性，主张直抒胸臆，走创新的道路，反对雕章琢句、亦步亦趋地仿效前人，但他们势力很小，影响也不大。经过一个时期的酝酿，"公安派"以有力的姿态出现在文坛上，强烈地反对摹拟的理论和创作，认为文学是发展的、进化的，主张独出心胸、不拘一格地抒发个人的感情。他们对摹拟剽窃更是深恶痛绝，以徒事空文为奇耻大辱。主张文学应反映社会生活，要有充实的内容。曹雪芹针对当时创作上的弊病，提出的反对摹仿、提倡创新的理论也是和前人的进步文学的主张遥相呼应的。

如何才能立意与众不同且达到清新自然呢？曹雪芹认为"出自胸臆""心有所感"，"发于章句"，就可以解决这一问题。在封建社会里，由于作家所处的时代、社会地位、周围环境、生活经历、文化教养等各方面的不同，不要说不同阶级出身的作家会有不同的阶级感情，即是同一阶级或阶层的人物，也会有不同的思想感情和不同的性格特点。《红楼梦》中每个人物的诗词都和他们的身份地位、思想感情、性格特点相一致，达到了观其诗而知其人的高度，这与作者主张写人物的内心感受是分不开的。拿宝玉、黛玉、宝钗三人来说吧，宝玉生在贾府，长在大观园，终日里和大观园的姑娘丫鬟们住在一起，吃在一起，玩在一起。长期的共同生活使他对大观园中的女孩子大都有深厚的感情和同情心。他眼看着死的死，嫁的嫁，走的走，一个个被赶出了大观园，无情的现实在他美好的心灵上留下了痛苦的伤痕。面对这种现实，贾宝玉是无能为力的。黛玉父母双亡，孤女一个又寄人篱下，她虽和宝玉有着深厚的爱情，但是她心里清楚地知道面对强大的封建势力，他们二人的结合是不可能的，因而在贾府过着"一年三百六十日，风霜刀剑紧相逼"的痛苦生活，所以她性情孤僻、多愁善感、忧心重重。宝钗则不然，她出生于"珍珠如土金如铁"的家庭，为待选入宫而进京，在贾府养尊处优，生活上无忧无虑，处处一帆风顺，因而她的思想感情和性格与黛玉迥然不同，和贾宝玉也不一样。在同一地点、同一时间，同是咏柳絮，宝玉以景述情，写出了"空挂纤纤缕，徒垂络络丝，也难绾系也难羁，一任东西南北各分离"的诗句，借柳絮写出他对大观园姑娘们的多情牵挂而又无可奈何的悲伤心情。黛玉以柳絮自比，写出了凄凉伤感的"飘泊亦如人命薄，空缱绻，说风流。草木也知愁，韶华竟白头。叹今生、谁舍谁收！嫁与东风春不管，凭尔去，忍淹留！"的内心感慨。而宝钗则昂首高歌地以柳絮自比唱出"万缕千丝终不改，任他随聚随分。韶华休笑本无根。好风凭借力，送我上青云"的句子，表现了她那一心想往上爬，憧憬扶摇直上的思想情绪。

第二节　阅读规划安排

《红楼梦》可谓是我国古典文学作品中的代表，书中蕴含着丰富的美学、哲学以及文学价值，从作品问世流传至今，不断使读者对其产生新的感悟与思考，因此对于培养学生的文学素养而言《红楼梦》是极为合适的一部作品。但是，与其价值相对应的，是《红楼梦》文章内容生涩难懂，无法有效地将学生带入到阅读情景当中，这也是教师在指导学生展开整本书阅读时所要面对的难题。

一、导趣先行，引导学生接触红楼

兴趣是学生最好的教师，特别是在如今新的教育形式下，想要引导学生进行有效阅读，最合适的方法莫过于激发学生对《红楼梦》的兴趣，引导其主动推开"红楼"的大门，到书中去尽情地自主探索。因此教师在向学生介绍《红楼梦》这部文学著作时，首先要准确把握学生的心理特点，结合学生感兴趣的方向为其讲述红楼世界。

首先，《红楼梦》现存于世有多个不同版本，教师需要先对作品进行系统了解，选择适合学生接触的版本推荐其阅读。比如，人民文学出版社的通行版不仅最大程度上保留了作品特色，同时内容相对而言也较为容易理解，因此作为学生的课外阅读材料是非常合适的选择。其次，教师需要帮助学生认识作品的价值内涵，使其意识到《红楼梦》不仅仅只是一本古典文学小说，而是我国传统文化遗留下来的瑰宝。例如，网络中流传的关于《红楼梦》的编创文学、影视作品很多，教师可以进行筛选为学生推荐一些有价值的内容，以此作为激发学生阅读兴趣的切入点。之后教师可以结合一些红学讲座的影视资料，条件允许还可以组织学生到一些红学博物馆进行参观，使学生正确认识到这部作品所蕴含的独特价值。最后，教师可以利用学生的午休时间，在教室内播放87版的《红楼梦》电视剧，以此作为学生理解文章内容的辅助资料，并进一步激发学生的阅读兴趣。

阅读《红楼梦》，学生可以清楚地了解到我国古代封建社会的落后性和封建性。例如，在对全书整体内容有了大概的了解之后，学生会发现全书共一百二十回，大约73万字。之后，教师可以让学生谈一谈自己对《红楼梦》的认识，谈一谈它体现了封建社会的哪些鲜明特征，作者对于这些封建性的因素是怎样的态度，有哪些主要人物。学生不一定完全能弄清楚，但学生自己整理出来的，那一定是铭记于心的。如果有遗漏，教师就可以带着学生一起再仔细地整理，将学生之前整理遗漏的主要人物进行补充，以使学生达到全面的认知。在对主要人物有了一定的认知后，为了加强学生对人物的印象，教师可以跟学生一起阅读体现主要人物性格的片段，方便学生对全书的理解。例如，截取描写王熙凤的经典片段，提取出王熙凤大闹宁国府，逼迫尤二姐自杀，将贾府人员分工，改变贾府的状况，拆散金哥二人并逼得二人自杀的故事。又比如，教师可以让学生以题目为中心对作品内容进行总结，学生能够发现作品在不同阶段所描写的人物重心是不一样的，前十八回主要介绍林黛玉、薛宝钗、凤姐、秦可卿等人物，十九至四十一回写贾宝玉的叛逆思想与封建正统思想的冲突等。这样的阅读方式，对以后阅读课外作品有一定的借鉴意义。

二、难点精讲，清除阅读障碍

《红楼梦》这部作品年代久远，因此文章中的语言表述与当下人们的沟通习惯存在着很大差异，这是学生难以读懂的首要原因。其次是作品的底蕴深厚，作者在创作时不仅在文字中融入了丰富的情感，同时也借助人物对话传递出了许多隐晦的思想，而对于生活经验浅薄的学生而言，想要读懂这些内容可谓是难上加难。只要引导学生读懂文章的前五回，以此来为学生奠定情感基调，并帮助学生将故事情节铺展开来，就可以有效帮助学生顺利展开阅读。

文章第一回导入了三个看似并不相关的神话故事，很多学生都无法理解作者想要表达什么。因此教师可以从书中两位主角——黛玉和宝玉之间的关系起源来为学生分析内容。第二章则是通过第三者的视角来交代书中的人物以及背景，以此来使文章框架清晰起来。第三章则是黛玉初入贾府，文章中的各个角色依次亮相，从而由此展开故事情节。第四章介绍贾府的社会地位。第五章则引入了许多诗词内容，既暗示了文章人物的悲凉结局，同时又确定了故事的发展基调，从而正式将文章内容铺陈开来。

《红楼梦》是曹雪芹的经典作品，用尽其毕生所学、所见、所想、所感。他的全部思想都包含在这本著作里面，不仅包括他对封建社会的批判，还包括对未来社会的构想。他的写作手法也具有特殊性，具有高度的艺术性。教师可以让学生对作品中的经典片段进行深入赏析，以理解到其写作手法的艺术性所在，可以将这种通过著作学到的写作手法运用到学生平时的写作中，让学生的文章多了一种高级感。在赏析时，针对不同的片段，教师可以采取不同的方法让学生沉迷于其中的精髓，运用多种方式让学生对《红楼梦》的理解和印象产生多种体验，以提高其赏析著作的鉴赏深度。

例如，在阅读《林黛玉进贾府》时，教师可以让学生对这段描写王熙凤出场情景的文字进行多次朗读，体会作者这段描写中的用词、人物表情、其他人的反应等，以衬托出王熙凤的作风，除了对原著进行朗读，教师还可以在备课的时候将《红楼梦》电视剧中的有关片段截取下来，方便在课堂上给学生观看。在阅读《黛玉葬花》时，这一部分是比较悲伤的，为了更好地体现悲伤的气氛，教师可以放点悲凉的音乐，带动节奏，将悲伤的意境深刻地体现出来，使学生对这一部分有一个深刻的印象。在这样的赏析中，学生不仅能从原著中体验到作品的精髓，更能从视觉、听觉的角度去感受之前所没感受到的体验，进一步加深了他们对作品艺术性的认识。

三、重点研读，窥探红楼精妙

在阅读过程中，为了给予学生更好的阅读体验，教师还应当积极组织学生展开各种各样的读书交流活动，将书中的重点内容摘选出来，引导学生一起讨论分享。如此一来不仅可以使学生对文章内容的理解更加深刻，同时也使得学生在彼此交流讨论的过程中收获乐趣。

例如在读到"宝玉挨打"这一段内容时，教师可以引导学生讨论宝玉为什么挨打，引导学生尝试从不同角度分析原因，并借此探讨作者的一些创作手法的使用，以此来培养学生的语言构建能力和审美能力。再比如，林黛玉初入贾府这一段，文章中描写了贾府内富丽堂皇的景象以及复杂的建筑格局，教师可以引导学生以小组合作的形式，尝试根据文章内容来将贾府的路线图还原出来。如此不仅能够加深学生对文字的解读能力，还能够为学生增添阅读乐趣。再比如文章在书写"元妃省亲"时，元妃一共哭了六次，这六次哭分别带着什么样的不同情感？描写手法上又有怎样的技巧？

《红楼梦》一书作为我国古典名著，书中蕴含的文学价值不可谓不深厚，因此仅仅依靠教师系统地讲解是不够的，最终还是需要从引导学生的的阅读兴趣入手，使其能够主动深入到书中的世界进行探索。整本书阅读，教师需要传递给学生的主要是方法，从而使学生具备基本的阅读理解能力，可以通过自身不间断地探索从书中收获更多的丰富的内容。

《红楼梦》作为古典小说的代表，自然有它值得成为代表的原因。近现代以来，很多学者都对《红楼梦》进行了多方面的研究。因为《红楼梦》原著本身于现在而言，已有很长的历史可循，读起来并不是一件简单的事，所以，学生在阅读《红楼梦》时，教师可以向学生推荐与其有关的研究作品，让学生将研究作品与原著一起阅读。这样，原著里不懂的地方，或许就得以解决了。为了将《红楼梦》研究透彻，教师还可以建议学生读多位学者的研究成果，提高其对《红楼梦》的理解深度。

教师可以有意识地对学生提问，例如，《红楼梦》中的贾宝玉是怎样的形象呢？学生可以先阅读原著，对贾宝玉有一个整体的把握。如果觉得自己对贾宝玉的形象的理解还不够深入，就可以再阅读胡适、周汝昌的相关著作，从中发现贾宝玉的另一面。其中最为深刻的形象是贾宝玉有很强的叛逆精神，他的思想与古代的正统思想有所冲突，这也体现了作者的思想，他将自己的思想感情寄托在了自己所刻画的主人公身上。其次，贾宝玉还具有尊重女性的思想，这在当时已经是很先进的思想了。另外，还可以发现贾宝玉有自己的兴趣爱好，他喜欢作诗。古代很多诗人写诗都是因为壮志难酬，将自己的理想寄托在诗歌上，以此来向世人表示其雄心壮志，而贾宝玉却不一样，他不追求功名利禄，而是能够享受诗歌的乐趣。《红楼梦》中的人物命名也有一定的艺术在里面，教师可以让有兴趣的同学对此进行研究。同时，学生可以借助资料，结合资料对《红楼梦》里感兴趣的人物名字进行分析，分析其蕴含了什么含义。学生借助丰富的研究资料对《红楼梦》进行多层次、多方面的研究。

四、合理设计，巧设阅读指导

（一）阅读版本选择

《红楼梦》版本较多，为此，笔者根据学生的阅读特点和需求，推荐学生准备人民文学出版社的《红楼梦》。这个版本由中国艺术研究院红楼梦研究所校勘，而且书中对疑难字词及文化常识都有详细注释，对让学生读懂《红楼梦》，感受其丰厚的艺术魅力，有着不可小觑的作用和意义。

《红楼梦》虽版本较多，但是高中生进行"整本书阅读与研讨"并不是为了版本考证或甄别，而是为了学习前人的阅读经验，习得整本书阅读的方法，从而读懂文本，把握文本丰富的内涵和精髓，丰富自己的精神世界。其前八十回以曹雪芹创作的《石头记》庚辰本为底本，后四十回则认为是无名氏续写，由程伟元和高鹗整理。

（二）教学目标

（1）学会阅读整本书的专题研读方法。

（2）理解和传承中华优秀的传统文化。

（三）学情分析及阅读方法

学生初读《红楼梦》，会有产生读不下去的感觉，教师要适当地在尊重学生原生态阅读的自由上，运用各种方法带着学生读。我主要推荐以下阅读方法：一是通读全书。"通读"，即粗读。二是略读章回。"略读"也称为浏览或跳读。迅速阅读相关章回，以引导学生筛选信息，整合内容。三是精读细节。"精读"，即品读文本细节，圈点批注，品味鉴赏。

（四）专题研读设计

高中阶段开展整本书阅读比初中更进一层的地方在于，应基于审辩思维对人物、情节及主题进行理性分析。

专题研读的基本思路是从单篇精读到多篇整读。《红楼梦》呈网状交织的结构，但很多章回段落单独拿出来也能自成一个完整独立的艺术天地。如林黛玉进贾府、王熙凤协理宁国府、晴雯撕扇、黛玉葬花、龄官画蔷、刘姥姥进大观园等。故可先立足重要单篇，让学生了解典型情节中的主要典型形象，再以多个相关单篇构成一组人物阅读专题，形成多篇整合的阅读模式，让学生在更广阔的故事发展情节线上动态立体地理解主要人物形象。如可以选择以下几个专题：

专题1. 宝黛钗故事：还泪神话、宝黛初见、黛玉半含酸、静日玉生香、宝玉论亲疏、比戏子事件、共读西厢、黛玉葬花、怒摔通灵、宝钗双敲、诉肺腑、互剖金兰语、黛玉之死。

专题2. 荣宁府大事：演说荣国府、林黛玉进贾府、王熙凤理家、元妃省亲、宝玉挨打、刘姥姥进大观园、荣国府元宵开夜宴、贾敬之死、王熙凤大闹宁国府、抄检大观园。

专题3. 大观园琐事：小红遗帕、晴雯撕扇、龄官画蔷、海棠结社、香菱学诗、芦雪广联诗、探春理家、紫鹃试玉、平儿行权、湘云醉卧、香菱学诗、绣春囊风波、晴雯之死。

学生至少选择一个专题，重新细读相关章回，以小组合作的形式进行理解性、探究性阅读。教师的任务则是通过提供进阶式任务，在关键处设问，激发学生探究兴趣。

阶梯1：单篇故事概述，增进学生对情节和细节的把握。学生用自己的语言简述每一单篇的情节概要，进一步厘清人物关系和事件发展的脉络，熟悉并加强对重要细节的记忆，为进一步探究问题做好准备。

阶梯2：模仿红学点评派，学生根据自己的体会进行批注式细读。教师展示脂砚斋以及晚清名家评点《红楼梦》的案例，要求学生从言行、心理、文法、语言、个性化感悟等角度对某几回进行点评式阅读。

阶梯3：教师在篇章关键细节处设问，激发学生思考。例如，在人物细微的心理活动处设问。再如，在理解人物的关键点处设问。

阶梯4：教师设置探究性和开放性话题，学生在多篇整读、统观阅读下分析人物和情节。例如，在前后比较对照中分析人物，读"黛玉半含酸"和"静日玉生香"两片段。可设问：比较这两个片段中宝黛钗的故事，说说宝玉与黛、钗不同的相处方式，以及黛钗在这两个片段中表现出的不同的性格特点。再如，整体把握人物的宏观探究题，我们可以设置这样一些开放性问题：

1. 黛玉爱哭泣流泪，请梳理黛玉主要有过几次流泪？黛玉是因为什么而流泪的？结合专题1相关情节片段进行分析。

2. 以时间点为横坐标，以大概的情感温度值为纵坐标，给宝黛爱情发展画走势图。

3. 王熙凤的笑与林黛玉的哭，都具有独特的艺术魅力，试从专题2中王熙凤的几处"笑"来分析其人物形象。

4.专题3涉及贾府贵族生活中衣食住行、省亲、丧葬、迎客、庆生、宴饮等诸多活动，以某一个或某几个片段为例，分析小说是如何表现贾府生活的。

5.结合专题3相关章回，探究为什么贾宝玉那么喜欢和女孩儿"厮混"在一起。

6.贾宝玉有哪些绰号（外号/别称）？这些绰号分别反映了他怎样的特点？

以上任务要求学生根据实际情况，选定一两个问题进行深入阅读探究，形成结论，并在研讨课上分享。

高中阶段的整本书阅读评价应注重培养学生用成文的书面表达对整本书进行鉴赏与评价的能力。《红楼梦》中可供开发的活动元素很多，但一定不能为了活动而活动，目的应是以活动的形式激励和培养学生文本分析、文献阅读、问题探究的能力。

五、阅读领悟，感悟红楼文化

"《红楼梦》整本书阅读"是近几年语文教育界讨论的热门话题之一。关于"整本书阅读"的理念内涵，笔者曾提出这样的观点："'整'者，完整，整体之谓也；'书'者，书籍，装订成册的著作。'整本书'阅读，自然是要完整地阅读一本书，并做整体性的理解接受"，"'整本书'的'整'，突出的是阅读的完整性和整体性，否定的是阅读的片段性"，"'阅读'的对象是'书'，而不是影视剧或其他"。这么说，不是要否定影视剧或其他形式的再创作文本，而是针对基于高中语文新《课标》18个任务群之首设置的"整本书阅读与研讨"这一特定目标所做的概念梳理与界定。作为古代文学经典之作的《红楼梦》，成为高中语文教材"整本书阅读与研讨"的对象和载体，取代了以往以《葫芦僧判断葫芦案》《林黛玉进贾府》《诉肺腑》《香菱学诗》《宝玉挨打》《抄检大观园》等选文为标志的"片段性"阅读模式，既是语文教育的进步，也是历史的必然选择。

毫无疑问，"《红楼梦》整本书阅读"是经典的"文学阅读"，其本质是"文学教育"。文学阅读是一种文学教育，经典的文学阅读是最好的文学教育。这本来是不言而喻的事实，然而在学术分科愈来愈细致严密、学科定位制约其学科特性的今天，却似乎有了再思考的必要。

作为小说的《红楼梦》，因其带有"模范的白话文学"的标签，以标点、分段的全新阅读界面，借助相关教育政策，从20世纪20年代起，陆续进入中小学校的国语文课程，成为当时中小学生课堂内外的阅读书目，助力了一代中国人的精神成长。《红楼梦》是文学的范本，也是教育的读本。显而易见，在中国古代，文学作品一身而二任，兼顾文学与教育的双重职责。在20世纪20年代，培养教育学专门人才的学科和专业已开始在高校中设置，以经典白话文学作品为教育读本进入中小学课程的做法，实际上也体现了文学与教育的合体前行。只是到了学科分工愈加精细化的今天，人们才会生出一丝困惑：文学是文学的，还是教育的？

假如文学不是"教育"的，那又是什么的？

文学可以是娱乐的，使人在生活中生发兴味和快乐；可以是休闲的，如同园林漫步那样轻松；可以是审美的，给人带来精神的愉悦和审美的享受；当然可以是也必然是教育的，因为它使人获得知识与成长。读诗和写诗的《红楼梦》中的林黛玉，不是休闲的，也不是娱乐的，是缓解焦虑的，是宣泄意绪的，也是抒发情感和意志的。当然，读诗也是教育的，如同她指导香菱学诗的步骤一样，林黛玉在诗歌文本的大量阅读中，认知了作诗的规则和方法，在不断的实践中成长为大观园优秀的闺阁诗人。与此相仿，戏曲的文本阅读和舞台演出之于林黛玉，则同时是审美的和教育的。她读完《西厢记》，会援引曲词来讽喻贾宝玉，或是将其充作抢答题的答案；她听到《牡丹亭》曲，立刻惊艳于"皂罗袍"的文辞之美，赞叹戏上也有好文章；她边观看《荆钗记》，边借王十朋绕道祭妻的关目，批评贾宝玉城外祭金钏行为的不通透。经典戏曲文学在不知不觉间，开启了林黛玉的自我教育模式。读剧令她的应对更加机敏蕴藉；听曲警醒了她的芳心，使她在情感经历剧烈疼痛后蓦然成长；观戏使她悟知生命的况味，启导她可以用一种冷静的态度用情。据此可知，文学之于林黛玉，更是教育的。这是文学的一种更具精神张力的功用。可知"文学阅读"必然是一种"文学教育"，文学既是"文学"的，也是"教育"的。

这会延伸出一个新的思考：文学"何以"教育？这里"何以"是"以什么""用什么"的意思。文学以什么教育人？换言之，文学的育人功用主要体现在哪些方面？

仍以《红楼梦》为例，生活在相同或相似的成长空间、年龄相仿的年轻人在心智、情感、人格诸方面的表现有各种差异。除了遗传基因、原生家庭的差异之外，教育文本和教育持续性的差异应是一个重要的原因。因为不是所有的闺阁女子都能像林黛玉这样，不断获得经文学教育而成长的时间与空间。《红楼梦》中的贵族少女或多或少接受过家庭的文化教育，会写诗，会品诗，会论诗，也懂观剧和评戏，然而她们对戏剧文本，往往没有太多的阅读。博识多闻的薛宝钗曾坦言，《西厢记》《琵琶记》《元人百种曲》她小时候都是读过的，但大人知道后使用暴力手段，逼使她不得不放弃文学阅读，就此隔断了她接受文学教育的渠道，封闭了她精神成长的空间。从今天的眼光来看，这无疑是一种反教育、反文化的行为，但在当时却是一种顺应时代要求的教育行动，它使得这位被隔断者滋生与那个时代比较合拍的认知，后者会潜在地引导她主动去阻断他人经由文学阅读而获得的自我教育、自我成长的机会。

基础一线的语文教师，应当主动肩负起新时代所赋予的文学教育使命。首先从自己做起，不仅需要重新打开名著阅读整本书，还要在阅读中形成指导意识，提升自己的指导能力，对阅读指导方案做整体性思考和深层次研究；其次应设计问题单，要求学生课外阅读、堂上研讨，"指定分量———自何处起，至何处止。课堂上只有讨论，不用讲解"；指定分量之法，须用一件事的始末起结做一次的教材，"注入式的教授，自不容于当代的新潮流。教员在课堂上，除了补充和讨论以外，实在没有讲解的必要"；最后，需要学生提交成果、给予评价，以验证阅读成效，成果的形式可以是赏析、评价文章，也可以是二度创作。若是出题目做的文章，应注意几点：①最好是让学生自己出题目；②千万不可出空泛或抽象的题目；③题目的要件是：第一要能引起学生的兴味，第二要能引起学生去收集材料，第三要能使学生运用已有的经验学识。百年以前的演讲中，胡适就已经倡导用"整本书阅读与研讨"的方式，在国语文的课程中实施白话小说与戏剧的教学。面对听众的质疑，胡适坚定地说："深信我对于中学生的国文程度的希望，并不算太高。从国民学校到中学毕业是整整的十一年。十一年的国文教育，若不能做到我所期望的程度，那便是中国教育的大失败！"百年以后的今天，中学生进行《红楼梦》以及其他经典名著的整本书阅读，从理论上说，自然不会高于百年前中学生阅读难度，而课程目标和教育目标的设定，却又高于百年前胡适所设想的水平。我们也可以相信，以今天高中教师的投入和学生的学习，"《红楼梦》整本书阅读与研讨"

这一任务，应能很好地推进和完成，也应能达成教育部新"课标"所出的"促进优秀传统文化传承"和"形成中学生正确三观"的育人目标。

阅读整本书主要在"课外"进行，但文学阅读并不是闲适、随意的课外兴趣活动。它是一种隐性的文学教育，经典作品的人生体验、文化品质和精神内涵，会以"春风化雨"的方式，在潜移默化中发挥重塑青少年价值观、促进人格与心灵健康成长的教育功能。受此文学教育的学生们，十年二十年后铭记于心的，是那些曾充满诗意的课堂、挥洒激情的场面和使学生理想飞扬的老师。时至今日，作为在一线的高中语文教师，理当更多一些文学教育的情怀，立足经典文学文本，着力开展研讨式、探究式教学，以促进学生整本书"阅读与研讨"意识与能力的养成。唯有如此，才能有效达成用经典文学阅读实施人文教育、养育正确"三观"的目标。

六、探索方法，合理安排阅读活动

引导学生进行"整本书阅读与研讨"，首先教师得读起来，才能有设计阅读活动的视野和格局，才能有阅读经验和方式的发现和积累。

其次，整本书阅读与研讨的主体终归是学生，要让学生读起来，就要充分尊重学生对《红楼梦》进行原生态阅读的自由和权利，让学生在与文本的亲密接触与对话中探寻长篇章回体小说的阅读方法，围绕小说的主线梳理情节，了解复杂的人物形象，在贾府尤其是大观园这富有典型意义的环境中，感受在日常生活的细节中蕴含的人性、人情和社会内涵。

（一）阅读时间安排

在高一学年第二学期开展《红楼梦》整本书阅读与研讨，可以充分利用课内与课外相结合的方式，将每周的1～2课时的阅读课留给学生静心阅读，每周周末让学生阅读四至六个章回。通过写作读书心得、在公众号展示优秀笔记、填写阅读清单等方式，带动和督促学生阅读。在日常课间鼓励学生就自己的阅读困惑和老师交流探讨，以激发学生的阅读兴趣。

（二）阅读方法安排

学生在日常学习中，接触的多是单篇文章，缺乏长篇小说、学术著作的学习方法，也就难以准确把握《红楼梦》的写作特点和阅读方法。多元的教学方法虽可显著提高学生对《红楼梦》的学习兴趣，但学生作为学习的主体，是整本书阅读的执行者，有效的阅读方法才能帮助学生更清晰完整地理解《红楼梦》的内涵。

1. 有计划地开展阅读

《红楼梦》对于高中生来说趣味性不强，缺乏教师正确的引导，学生难以选择此类型的书进行整本书阅读。语文学习是一个循序渐进的过程，整本书阅读更需要学生持之以恒。因此，教师应引导学生制定切实可行且具体细化到每天的阅读计划。阅读可充分利用午饭、晚饭后等休息时间，而不要占用大量的主体时间段。语文课中可采用上述多元现代化教学方法进一步提高学生的阅读兴趣，有效帮助学生理解《红楼梦》。

2. 精读与略读相结合

精读节奏缓慢，与大脑处理信息的节奏不匹配，虽易于理解所读信息但不利于记忆。而略读利用人脑的图像超强记忆能力摄入文字，能在短时间摄取大量文字信息，长期坚持，可锻炼优良的视觉感知能力。基于《红楼梦》容量大的特点，可采用略读的方式进行快速阅读。快速阅读前要求学生先阅读有关的专家点评、内容梗概，从而抓住重点再进行整本书阅读。而后，可从诗词的角度理解章回的主要内容。而精读，是针对教材中的重要篇章部分，进行全面、深入、精细的理解，掌握篇章结构、情节含义，将宏观的略读与微观的精读有效结合从而提高阅读效率。

3. 质疑阅读

质疑状态下的学生会思考、查阅资料，学习兴趣及效率更高，善于提出不同的见解从而加深其对作品的理解程度。问题是思维的起点，教师要引导学生发现问题、提出问题，并让学生懂得如何提问，这会使学生终身受益。教师要纠正教育观念，营造出让学生发挥主动性和积极性的学习氛围，培养学生敢于提问的能力。在鼓励学生质疑时，更要培养学生掌握提出质疑的方法，正如叶圣陶先生所说"在该提出问题的地方提出问题"。在阅读《红楼梦》作品时，应引导学生带着批判的眼光去阅读，并将遇到的疑问拿到阅读课中分小组进行讨论，激发学生的积极性，使学生对《红楼梦》的理解更加深入。如在阅读课文《林黛玉进贾府》时，学生若是顺着课文思路阅读会发现林黛玉的处境一直是寄人篱下的。但若是从另外一个角度来看课文，有些学生可能会提出疑问：林黛玉的父亲好歹是地方官，林黛玉为何会身无分文、落魄至此？

七、推荐书目，推动高质阅读活动

高中生阅读《红楼梦》，会随着阅读的深入逐渐产生不满足的感觉，教师要及时给学生推荐阅读书目，让学生进行反复、深入的阅读。以下书目可以建议学有余力的学生进行自主阅读：作者传记类，如周汝昌著的《泣血红楼》、樊志斌著的《曹雪芹传》；《红楼梦》其他版本类，如周汝昌先生校订的《石头记》、广西师范大学出版社出版的《红楼梦》；文本细读类，如周汝昌著的《红楼梦小引》、王蒙著的《红楼梦启示录》、白先勇著的《细读红楼梦》、欧丽娟著的《大观红楼》、蒋勋著的《蒋勋说红楼梦》、蒋和森著的《红楼梦论稿》、北京大学通识教材《红楼梦十五讲》。参读资料旨在让学生了解时代背景，借鉴名家观点，最终要鼓励学生读出自我。

阅读任务：

任务一：初读理解：在要点导读下通读全书

鉴于《红楼梦》篇幅较长，通读可以放在假期完成，也可以贯穿在一个或半个学期之中，利用课上及课下时间。初读《红楼梦》，学生会遇到各种有形无形的困难，教师在初读课上主要起引领、疏通和监督的作用。

一方面，教师按章回考查学生对关键情节和人物的记忆与感知，如通过填写阅读清单或在网络平台上设置每天阅读后的任务进行考查。任务以考查识记和读取能力为主，检测学生对情节和人物等内容的关注，并鼓励学生整理自己的阅读感受和疑惑。阅读任务的检测要注意覆盖不同层次学生的学情。当然，也可以进行一些趣味活动，如《红楼梦》知识竞赛。

另一方面，教师应在学生通读前和通读中穿插必要的导读课，清除知识背景、阅读心态和内容难点上的障碍。要点导读主要从以下方面入手：

背景导读。介绍作者"生于繁华，终于沦落"的人生际遇和创作动机。

语言导读。介绍小说口语与古典书面语结合的语言特点，描写不避琐细的写实主义特点。

内容结构导读。可以导读通常被视为小说总纲的前四回，也可以概述性地介绍红楼故事的主要内容线索，做好阅读铺垫。

手法导读。介绍小说呼应设伏、谐音象征、不写之写等重要的艺术构思与手法。

心态导读。告诉学生回到《红楼梦》所处的封建贵族世家的传统中，去揣摩体认人物的心理、思想和言行，进而更合理地理解人物的行为和命运。

具体而言，初读重在交流阅读经验，探索阅读方法。比如，读回目，理清结构及主线。《红楼梦》是章回体作品，其回目犹如小说的"眼睛"，简练工整、精要地概括了各回的主要内容。在整本书阅读之前，可以引导学生掌握初读回目以梳理整本书内容及主线的方法。可以分别选择含有贾府环境及运势变化和含有众女儿称呼及命运走向的回目，让学生品读关键词，从而把握小说的网状结构，理清其主线：一是家道中落的纵向主线，小说以贾府为中心，叙述了四大家族由鼎盛走向衰败的过程；二是人物聚散的横向主线，小说以宝黛爱情悲剧为中心，叙述了众多女性的不幸命运。这样引导，避免了教师的强行灌输，既让他们掌握了阅读章回体作品的方法，也让学生在紧咬文本的过程中自己去发现、获取信息。高一学生初读《红楼梦》，会有产生读不下去的感觉，教师要在尊重学生原生态阅读的自由上，适当地"变着法儿地"带着学生读。

"通读"，形象地说，即学生"连滚带爬"地读。《红楼梦》篇幅之长，章回之多，情节之密，人物之众，常常让初读者摸不着头绪，教师可带着学生编写章回提纲，来初知小说内容，梳理故事情节，感知书中人物。

任务二：赏读体验：精心设计活动，丰富阅读体验

《红楼梦》艺术地位独步古今，文化内涵博大丰厚。如何引导高中生在整本书阅读与研讨中，感受其艺术之美、文化之丰？这需要教师精心布置阅读任务，设计活动，既能整合《红楼梦》的内容，又能引发学生的阅读兴趣和欲望。

比如可以设计以下阅读任务和活动：

1. 哭红悲艳处——《红楼梦》人物赏析

（1）活动一：我有我喜欢

小组合作，每一组自主讨论确定本组展示的最喜爱人物。可下载视频，可分享原文，可引证资料，可综述观点，可制作PPT……充分展示"我"心目中最喜爱的红楼人物。此活动旨在让学生利用娴熟的多媒体技术，在甄别、取舍的过程中关注原著、赏读原文，让学生在课堂上充分锻炼、展示自己，自然提升学生学习信心和参与热情。

（2）活动二：世界是个大观园

要求每位学生根据自己对周围同学、朋友、亲人等的观察了解，为其在大观园中找到最相对应的人物，并说明理由。例如：才情突出者，冠之黛玉；通古博今者，赞之宝钗；勤勉上进者，比之香菱；活跃能辩者，评之湘云；乖巧懂事者，谓之袭人……

此活动旨在通过趣味活动，引领学生重新审读文本、审视自我，实现对原著文本的二次探究。

（3）活动三：猜猜我是谁

学生每人准备一两段关于《红楼梦》人物描写的文字。文字可以是肖像描写、语言描写、心理描写等，也可以是人物的诗歌作品。将准备文字统一书写在小纸条上，把纸条统一放置于指定的纸盒内。让学生依次随机抽取，现场打开纸条进行答题，猜猜所写人物是谁。

要猜出人物，除了熟悉作品外，更要对人物的性格、心理等有所分析。所以，"猜"是回忆、联想、推断等多种思维活动的综合。

2. 一场盛大的对话——《红楼梦》语言艺术赏析

（1）活动一：表演——笑骂皆是情

学生选择数个经典片段，进行角色扮演，体验文学语言背后的意蕴。

其中有说话巧妙的正面例子。如指桑骂槐：探宝钗黛玉半含酸（《红楼梦》第八回）。语意双关：宝钗借扇机带双敲（《红楼梦》第三十回）。言必有据：秋爽斋偶结海棠社（《红楼梦》第三十七回）。

有说话出错的反面例子。如错由情生：宝钗偶失误（《红楼梦》第二十五回）。急不择言：鸳鸯骂嫂误伤人（《红楼梦》第四十六回）。让学生在熟悉对白、模拟练习中，逐步体会《红楼梦》人物的说话艺术，感悟说话是一门艺术，出错也是人之常情。

活动结束后，可布置学生再次观看87版和2010版电视剧《红楼梦》相关片段，对照同学表演，结合原著文字，说说谁的表演最得自己心、最得作者心。

（2）活动二：研读——冰山露一角

语言即心理。在"《红楼梦》人物赏析"活动三及"《红楼梦》语言艺术赏析"活动一基础上，教师可适当引导学生对《红楼梦》人物话语心理做一定的探究。

——袭人进言王夫人，袭人知道什么时候说事半功倍；

——贾芸求职王熙凤，贾芸知道什么方式说可使目标达成；

——探春劝说贾母，探春知道什么身份说更有效果。

不论是袭人的聪明、贾芸的乖巧，还是探春的懂事，他们都擅于抓住对方的心理。

让学生试着以点评的方式写一写，对话表现人物什么样的心理，课上分享后整理成文。

任务三：研读分析：整合取舍内容，借助资料进行专题研读

高中阶段开展整本书阅读比初中更进一层的地方在于，要基于审辩思维对人物、情节及主题进行理性分析。阅读不能全靠混沌模糊的感性理解，每一个是非判断或价值判断，都需要理性的、有理有据的分析论证。

《红楼梦》研读课就是通读之后的阅读学情调查，师生共同提出一系列不同层次的问题，使学生在细读研读中增进对作品的理解，在对丰富多彩的红楼人物的感知中，提升形象思维，培养科学分析，解读小说的理性思维。

专题研读的基本思路是从单篇精读到多篇整读。《红楼梦》呈网状交织的结构，但很多章回段落单独拿出来也能自成一个完整独立的艺术天地，如林黛玉进贾府、王熙凤协理宁国府、晴雯撕扇、黛玉葬花、龄官画蔷、刘姥姥进大观园等。故可先立足重要单篇，让学生了解典型情节中的主要典型形象，再以多个相关单篇构成一组人物阅读专题，形成多篇整合的阅读模式，使学生在更广阔的故事发展情节线上动态立体地理解主要人物形象。

事实上，学生可以寻找最让自己感动的故事、人物、场景进行赏读。鉴于《红楼梦》篇幅太长，把握有难度，教师需要为学生提供一个分析的切口和抓手。《红楼梦》作为一部体量巨大、意蕴丰赡的书，具有无穷尽的解读可能，解读可深可浅。那么，中学生应该读到什么层次并且朝哪个方向读呢？这是我们需要考虑清楚的。也就是说，我们的专题研读设计首先必须基于我们对这部作品的意义定位。

教师应在充分尊重学生自主阅读和欣赏的基础上，划定他们可以达到和应该达到的欣赏解读边界。整本书阅读首先要考虑小说的"母题"，阅读不能漫无目的，没有方向的思维不可能走向确定；不能宽泛无边，没有边界的思维难以走向清晰；也不能没有焦点，没有聚焦的思维难以走向精确。

比如说将研读《红楼梦》的意义定位为：了解社会世情、感悟真善美爱。了解社会世情，即将《红楼梦》视为一部一定程度上反映或再现封建贵族世态人情、历史政治、文化民俗的作品，以社会的、历史的、文化的眼光去读这部小说。小说呈现的人间百态、众生群像，是我们走进、了解这部作品的一个基础性、背景性的内容。感悟真善美爱，即将《红楼梦》的价值重心放在小说传递的真、善、美、爱之上，品评作者在宝黛爱情以及永恒的真善美的大观园中寄托的人格理想、社会理想、审美理想。

八、展示成果，合理展示阅读路径

高中阶段的整本书阅读评价应注重培养学生用成文的书面表达对整本书进行鉴赏与评价的能力。《红楼梦》整本书阅读课程的完结也应以每个学生提交一份综合性读写成果为宜。同样，这一点离不开教师的选题指引。提供了五大类写作方向供学生参考：

1. 章回鉴赏类

赏析某一个经典章回，如《我看"黛玉葬花"》《我读"香菱学诗"》《细读"王熙凤协理宁国府"》。

2. 人物赏析类

选定某个具体角度来评价人物，如《我看黛玉的"小性儿"》《大观园中的少女诗人——我看黛玉之才》《我把宝钗比花》《浅谈晴雯》《我看凤姐之"辣"》。

3. 问题探究类

把对小说中具体细节问题的探究整理成文，如《贾宝玉为什么赠给林黛玉旧帕子？》《为什么黛玉视宝玉为"知己"？》。

4. 想象创作类

基于小说情节之上的想象类文学再创作，如《假如我和××生活一天》《我给××当丫鬟/小厮》（××为《红楼梦》中的人物）。

5. 跨文体媒介类

根据自身的兴趣或才能，学生可以将《红楼梦》某一章节改成话剧，或者将某一情节拍摄成微电影等。

综合读写成果是学生终结性评价的主要依据，教师在活动课中同样需要做好指导工作。学生读写完成后，教师应鼓励学生互相评价和自我评价，总结《红楼梦》的阅读经验，公开展示优秀作品并积集成册。

特别说明：

第一，注意经验的总结和迁移。比如：①师生应注意将阅读、探究过程中的所感所思重新整理成文字，让小组同学相互评分，推举论文魁首，然后让小组魁首参与班级论文魁首评比。教师作为特别嘉宾，友情加入推举活动，其文章可作为特别文章，供每位学生阅读。②阅读经典的文学作品时，重要的文字需要反复读，简单的文字可以复杂读，单一的文字要多元读。越是经典的作品越是需要反复阅读，这是在此次《红楼梦》阅读活动所得的可迁移的阅读经验。

第二，注意任务清单和评价量表的编制及使用指导。计划合理、指令清晰、评价指标科学明确对引导学生进行有效地阅读非常重要。教师可以和学生一起进行编制。

第三节　文言字词阅读批注习惯

批注式阅读法被应用于高中文言文教学中，取得了一定的现实成效，也积累了一些有价值的经验，同时，也存在着一些不可忽视的问题，比如说学生自主学习能力不强和教师难以预设课堂教学问题等。为了更好地将批注式阅读应用于高中文言文教学，提高高中语文教学质量，有必要对批注式阅读法在高中文言文教学中的应用状况进行分析和研究。

一、批注式阅读在高中文言文教学中的作用

（一）加深文本内容理解

高中学生经历过初中文言文学习的入门和积累，对于文言文有了一定的了解，已经掌握了一些最基本的文言知识，对于常见的文言实词、虚词、句式、语法等知识有了一些积累，但是这些知识对于他们学习高中文言文和应对高考来说，是远远不够的。高中文言文多是一些长篇议论性、抒情性的文言内容，

如《离骚》《孔雀东南飞》和《兰亭集序》等。高考不仅包括对学生进行文言文基础知识的考查，还包括分析文言文、理解文言文以及应用文言文等方面能力的考查。另外，高考试卷上的文言文一般都是学生没有见过的、不熟悉的文言文篇目。所以，学生仅仅掌握一些文言文基础知识是远远不够的，他们不但需要系统地学习文言知识，而且最重要的是要在学习过程中，通过系统归纳、分析和理解，提升文言文的解读能力。这样学生才能够在文言文学习上举一反三、灵活运用。

（二）提高文本解读能力

批注式阅读是符合新课程理念提出的对话式课堂要求的。传统意义上的高中文言文课堂教学，几乎是语文教师的独角戏。语文教师课下研读文言文内容，课上引导学生学习，学生处于一种被教师拉着走的一种学习状态，教师的课堂讲授几乎可以代替学生的思考，学生缺乏文言文学习的主动性。对话式的语文课倡导的是教师与学生、学生与学生之间平等、自主的交流合作，学生根据对文本的理解表达想法，教师也结合自身经验进行深入交流，双方在分享交流的过程中，无疑就加深了对文本的理解。

（三）激发学生学习兴趣

学生在学习文言文的过程中，可以采用批注式的阅读方法将复杂难懂的文言文批注为自己容易理解的通俗白话文，这样就解决了学生因读不懂而不爱读、不爱学的问题了。另外，学生在整个批注、注释的过程中，通过借助各种工具查阅资料，能够熟悉一些常用文言字词、典故。长此以往，学生如果坚持下来的话，自然而然地就迈进了文言文的大门。只要引导学生入了门，兴趣就油然而生了。与此同时，学生在进行批注的过程中，也能够使自己的思考、疑问和见解呈现出来，之后，通过同学之间的沟通交流，再加上教师的指导，逐渐就会彻底扫净文言文学习的死角。

二、批注式阅读在高中文言文教学中的应用策略

（一）教师正确指导，培养批注阅读兴趣

学生学好文言文的第一步需要教师的正确引导，使学生对高中文言文的学习充满兴趣。高中学习的相当一部分内容是文言文篇目，并且对文言文内容的考查也是高考必考的题型。教师在充分了解批注式阅读法后，引导学生加以运

用。学生对文言文产生了兴趣，再结合恰当的学习方法，就容易投入到文言文的学习中，不至于出现学习主动性不强、积极性不高等问题。

（二）示范引导，培养批注阅读习惯

学生学会了批注式阅读和有了学习的兴趣后，培养批注阅读习惯关键在于保持，而保持的过程就是习惯养成的过程。一方面，要求学生运用批注式阅读法进行文言文学习时，教师必须以身作则，在备课过程中严格要求自己，认真批注。教师应结合教学情况、教学内容、学生情况等方面做好课堂预设，尤其是对文言文内容一定要尽可能多方面进行批注，以便应对课堂上不同学生的批注内容和观点。在起初教学生运用批注式阅读法时，教师最好进行切实指导，包括对批注的内容、批注形式以及运用哪些批注符号和语言等方面进行指导，学生学会运用之后，就要帮助学生养成批注式阅读的习惯。在高中文言文教学中，如果教师直接教给学生具体的学习内容，学生永远只是学会了知识内容。而在高考试题中，是不会出现课内文言文篇目的，一般都是基于课内知识而编排的新的文言文篇目。所以说，教师不能够只是传授给学生具体的知识性内容，更主要的是教给学生有效的学习方法，培养学生举一反三的能力。而新课程理念倡导的是培养学生开放性的思维和意识，培养学生自主学习和创造性思考的能力。教师教给学生学习知识的方法，帮助学生养成良好的学习习惯，这才是使学生永远受用的知识。批注式的阅读方法重在平时的运用和落实，想要在文言文教学中采用此方法取得良好的教学效果，关键在于学生在文言文学习中具体贯彻和运用方法。

（三）丰富实践，加强批注阅读训练

在长期的教学实践和发展过程中，各学科领域的专家和教学工作者都一直信奉教学的最高境界——教是为了不教，在高中文言文教学中更是如此。高中学生运用批注式阅读法学习文言文之所以会出现较多的理解偏差，究其原因还是学生的文言文知识掌握得不够多，学生的眼界不够宽。由于高考中对文言文内容的考查范围是比较广的，出题类型也是灵活多变的。在教学中师生如果仅仅局限于课内文言文篇目的学习是远远达不到高考对学生的要求的。因此，教师引导学生对课外文言文内容进行批注式学习是十分必要的。通过拓展学生的阅读范围，加强学生文言文学习的实践训练，不但可以帮助学生巩固课内文言文基础，还能够增进学生的见识，促进学生文言文知识的迁移和拓展，这才是

高中文言文教学要达到的目标。

（四）充分预习，自主进行阅读批注

高中文言文篇目具有内容比较长、语言用词较难懂等特点，如果把所有内容的学习都放在课堂教学中，会花费比较多的时间。再加上高中语文课时量有限、学习任务重、文言文篇目多等方面的原因，在课堂上解决所有问题不是很现实。因此，教学生如何在课前运用批注式阅读法进行充分有效的预习是非常必要的。学生在课前预习中起码能够解决一些关于生字词读音、字词释义、文章写作背景等方面的问题，在解决一些基础问题的同时，也能够发现并提出一些解决不了的问题，为课堂教学打好基础。